Vorwort	5
Basler Einbürgerungen in früherer Zeit	6
Die Wappen der Familien	11
Bachofen	15
Bernoulli	17
Bischoff	21
Burckhardt	23
Buxtorf	27
Christ	29
De Bary	31
Faesch	33
Geigy	35
Hagenbach	37
Hoffmann	39
Kern	41
Koechlin	43
La Roche	45
Legrand	47
Lichtenhahn	49
Linder	51
Merian	53
Paravicini	57
Passavant	59
Preiswerk	61
Riggenbach	63
Ryhiner	65
Sarasin	67
Socin	71
Staehelin	73
Stückelberger	77
Thurneysen	79
Vischer	81
Von der Mühll	83
Werenfels	85
Werthemann	87
Wieland	89
Glossar	90
Literaturverzeichnis	92

Wir danken der Firma Steudler Press AG, insbesondere Lilo und Hausi, für die hervorragende Zusammenarbeit.

Vorwort

Bei der Arbeit zur erweiterten und aktualisierten Ausgabe des BASELexikons, dem ersten alphabetisch geordneten Nachschlagewerk über den Kanton Basel-Stadt, beschäftigte sich unser Verlag auch mit alteingesessenen Basler Familien. Da wir dieses Thema so spannend und vielfältig fanden, kamen wir zum Entschluss, diesen Basler Familien eine eigene Publiaktion zu widmen, zumal zu diesem Thema auch keine neuere Publikation existiert. Natürlich hätte es noch mehr als die hier vorgestellten Familien gegeben, doch wir mussten eine Auswahl treffen. Zum einen sollten es Familien sein, die sich schon vor langer Zeit, d.h. schon vor mehreren Jahrhunderten hier in Basel eingebürgert hatten und heute noch existieren oder zumindest erst vor kurzem ausgestorben sind und zum anderen sollte die Familiengeschichte gut dokumentiert und interessant sein. Entstanden ist nun ein Buch mit dreiunddreissig in alphabetischer Reihenfolge vorgestellten Basler Familien. Erwähnt werden wichtige Ereignisse aus der Familiengeschichte, bekannte Persönlichkeiten und das Familienwappen, das immer ganzseitig abgebildet wird.

Basler Einbürgerungen in früherer Zeit

Das Wort «Bürger» oder «Burger» geht zurück auf althochdeutsch «burgāri», was Bewohner einer (befestigten) Burg bedeutet. Dieser Begriff übertrug sich später auf die Bewohner der Stadt, die ja auch in einem befestigten Ort wohnten. Das Bürgerrecht bestand aus Rechten und Pflichten gegenüber der Stadt, die von Region zu Region sehr verschieden sein konnten. Der Bürger war grundsätzlich von auswärtiger Gerichtsbarkeit befreit und brauchte sich nur vor dem Gericht seiner Stadt zu verantworten. Zu den Rechten des Bürgers gehörte neben dem Anspruch auf Schutz durch die Mitbürger und die Stadt u.a. auch die Partizipation an der die Stadt kennzeichnenden Selbstverwaltung. Von den Pflichten stand die allgemeine Pflicht zu Treue und Gehorsam gegenüber der Stadt und den Mitbürgern im Vordergrund; ausserdem waren meist Wehr- und Wachdienste zu leisten. Schliesslich musste der Bürger einen gewissen Teil seiner Einnahmen an die Stadt abliefern, also Steuern zahlen.
Über die Aufnahme von Neubürgern in das Basler Bürgerrecht sind wir relativ gut informiert. Leider existiert kein einheitliches amtliches Dokument, wo diese Neuaufnahmen festgehalten worden wären. Zum einen finden wir die Neubürger in den Protokollen des Kleinen und Grossen Rates verzeichnet, zum anderen gibt es verschiedene Ratsbücher wie das so genannte «Rote Buch», wo neben Ratsverordnungen und anderen Ratsgeschäften die Neueintritte in das Basler Bürgerrecht aufgezeichnet worden sind. Die Anlage eines selbständigen Bürgerbuches wurde erst 1718 von einer Kommission empfohlen, die in Bürgerrechtsangelegenheiten zu beraten hatte. Ob ein solches dann auch angelegt worden ist, wissen wir nicht, denn es hat sich kein Bürgerbuch aus dieser Zeit erhalten.

Vor dem 13. Jahrhundert war oft nur Bürger, wer in der Stadt über Grundbesitz verfügte. Ab dem 13. Jahrhundert wurden auch Personen in das Bürgerrecht aufgenommen, die nur in der Stadt wohnten und keinen Grundbesitz besassen.
Betrachten wir die Zahl der Basler Einbürgerungen zwischen dem 14. und dem 18. Jahrhundert, so stellen wir beträchtliche jährliche Schwankungen fest. Es fällt auf, dass im 14. und 15. Jahrhundert mit bis zu 600 Einbürgerungen jährlich am meisten Neubürger aufgenommen worden sind. Diese extensive Einbürgerungspraxis weist darauf hin, dass die Stadt zu dieser Zeit ein grosses Interesse daran hatte, möglichst viele Neubürger aufzunehmen. Zum einen bedeutete eine Bevölkerungszunahme eine Vergrösserung der militärischen Schlagkraft und zum anderen ein Anwachsen der gewerblichen Arbeitsbevölkerung. Diese beiden Faktoren hatten eine Akkumulation von Reichtum und Macht für die Stadt Basel zur Folge und somit eine Stärkung des Rates und der Zünfte gegenüber dem Bischof.
Nach der Reformation gingen die Einbürgerungen bis zur Staatskrise 1691 markant zurück und betrugen nur noch zwischen 30 und 40 Aufnahmen im Jahresmittel. In einer dritten Phase, zwischen 1691 bis 1798, wurde die Verleihung des Bürgerrechts noch restriktiver gehandhabt. Keinesfalls ist die verminderte Zahl an Neuaufnahmen in das Basler Bürgerrecht nur auf eine Erhöhung der Bürgerrechtsgelder zurückzuführen, es gab dafür auch andere Gründe. Nach der Reformation wurden z.B. nur noch Neugläubige in das Basler Bürgerrecht aufgenommen. Dazu kam, dass nach einem Ratsbeschluss von 1534 der Beweis des «ehrlichen Abschieds», also die Bescheinigung, nicht leibeigen zu sein, erbracht werden musste. Im Gegen-

satz zur früheren Praxis wurde nun der Leibeigene, der sich in eine fremde Stadt geflüchtet hatte, nur dann noch ins Bürgerrecht aufgenommen, wenn sein Dienstherr auf seine legitimen Eigentumsrechte verzichtete. Ebenfalls erschwerend auf die Erlangung des Basler Bürgerrechts hat sich der seit 1541 geforderte Vermögensnachweis ausgewirkt. Nun musste jeder neue Bürger ein freies Vermögen von mindestens 40 bis 50 Gulden nachweisen. Diese Summe wurde in den Folgejahren genauso wie die Bürgerrechtsgelder noch erhöht. Gleichzeitig erfolgten mehrfach temporäre Einbürgerungsstopps, wie 1546, 1561 oder 1648. Diese Bürgerrechtssperrungen weisen alle unverkennbar einen selektiven Charakter auf. Hauptsächlich sollte dadurch den Hintersässen und den «Welschen», also Glaubensflüchtlingen aus Italien und Frankreich, der Zugang zum Bürgerrecht verwehrt werden. Damit wollte die Stadt einerseits der Entvölkerung ländlicher Untertanengebiete entgegenwirken und andererseits fremden Einfluss und wirtschaftliche Konkurrenz möglichst fernhalten. In den entsprechenden Verordnungen wurden jedoch von Vornherein Ausnahmen für reiche oder kunstfertige welsche Zuwanderer ins Auge gefasst. Zu den französischen Glaubensflüchtlingen, die v.a. im späten 16. Jahrhundert nach Basel kamen, gehörten viele Vertreter des gehobenen Stadtbürgertums und des Adels. Vertreter dieser Refugiantenkreise waren es, die z.B. die Bandweberei (Posamenterei) hier heimisch machten und damit beträchtliche kommerzielle Erfolge erzielten. Italienische Glaubensflüchtlinge brachten dagegen v.a. die Samtweberei und weitere neue Techniken der Seidenweberei nach Basel. Von unseren hier näher vorgestellten Familien zählen einige

zu dieser Gruppe der Refugianten, so die Familien Christ, de Bary, Legrand, Sarasin, Socin, Vischer und von der Mühll.
Das Bürgerrecht konnte auf verschiedene Arten erworben werden. Im 14. und 15. Jahrhundert bestand die Möglichkeit, das Bürgerrecht unentgeltlich zu erlangen, indem man freiwilligen, d.h. unbesoldeten Kriegsdienst für die Stadt leistete. So wurden z.B. 1406 nach dem Kriegsszug nach Pfeffingen 563 Bürger unentgeltlich in das Basler Bürgerrecht aufgenommen, weil sie an diesem Kriegszug teilgenommen hatten. Gegen Ende der ersten Hälfte des 15. Jahrhunderts hörte diese Art von Einbürgerung allmählich auf, da die häufigen Fehden der Stadt seltener wurden. Die letzte unentgeltliche Bürgerrechtsverleihung für Kriegsdienste erfolgte 1476 anlässlich des Murtenzuges. Von unseren vorgestellten Familien kam der Ziegler Heintzmann Vaesch, der zwischen 1404 und 1409 in den Quellen auftaucht, in den Genuss von dieser Praxis; er erlangte 1409 zusammen mit 384 anderen Männern das Basler Bürgerrecht umsonst, nachdem er am Feldzug der Stadt gegen Ystein teilgenommen hatte. Auch der Hufschmied Ulrich Thurnisen (1448–1487), Stammvater der Familie Thurneysen, verdiente sich das Bürgerrecht 1461 auf diese Art und Weise, indem er am Feldzug gegen das Schloss Ortenberg bei Schlettstadt teilnahm.
Nach 1489 konnte das Bürgerrecht nur noch gegen Gebühr erworben werden. Zur Sicherung der Gebühreneinnahmen ergriff der Rat verschiedene Massnahmen. Normalerweise knüpfte er die Zahlung an eine bestimmte Frist. War der geschuldete Betrag bis dahin nicht bezahlt, wurde wiederholt gemahnt, und es drohte Turmstrafe oder Ausweisung. Besonders bei ratenweiser Zahlung sicherte

sich der Rat die Gebühr von einem Bürgen. Von den hier aufgeführten Familien kaufte sich der grösste Teil in das Basler Bürgerrecht ein.

Das Bürgerrecht konnte einer Person auch ohne Gebühr oder Teilnahme an einem Kriegszug vom Rat verliehen werden, was allerdings ziemlich selten vorkam. Von unseren Familien verfügen z.b. die Ryhiner und die Koechlin über ein geschenktes Bürgerrecht. Während Heinrich Ryhiner (gest. 1553) aus Brugg das Bürgerrecht 1518 in Anerkennung seiner Verdienste um die Stadt Basel erhielt, wurde dem Ratsschreiber Isaak Iselin drei Wochen vor seinem Tod 1782 der späte Dank seiner Mitbürger zuteil, indem der Rat ihm zu Ehren dem Gatten seiner Tochter Salome, Hartmann Koechlin (1755–1813) aus Mühlhausen, das Basler Bürgerrecht schenkte.

Verloren wurde das Bürgerrecht ausser durch den Tod durch die Aufgabe seitens der Bürger oder durch den Ausschluss seitens der Stadt. Entlassungen aus dem Bürgerrecht durch freiwilligen oder unfreiwilligen Wegzug waren ziemlich häufig. Kehrte ein Bürger zurück und bat um Wiederaufnahme, so musste er sich das Bürgerrecht von neuem kaufen oder verdienen. Bei nur vorübergehendem Wegzug bestand die Möglichkeit, das Bürgerrecht durch eine Art Dispens aufbehalten zu lassen. So mussten sich von unseren vorgestellten Familien die Söhne Michael (gest. um 1544) und Franz Hagenbach (1480–1554) erneut ins Bürgerrecht einkaufen, da ihr Vater Hans Hagenbach (gest. 1524), der sich 1482 in Basel eingebürgert hatte, danach wieder in seinen Heimatort Mühlhausen zurückgekehrt war.

Die Wappen der Familien

Ein Wappen ist ein Zeichen oder ein Symbol bestimmter Farbe, Form oder Darstellung, das für eine Person, eine Familie, eine Körperschaft oder eine Institution steht. Das Wappenwesen entwickelte sich zur Zeit der Kreuzzüge aufgrund der Notwendigkeit, sowohl die Einzelkämpfer als auch die verschiedenen Heere erkennbar zu machen. Höhepunkt der Heraldik, also der Lehre von den Wappen und Zeichen, ist die Zeit des europäischen Rittertums, d.h. von der Mitte des 12. bis zum Ende des 15. Jahrhunderts. Mit dem Niedergang des Rittertums im 13./14. Jahrhundert wurde das Wappen zum Symbol von Adels- und Bürgerfamilien, aber auch von Bistümern, Abteien und Städten. Im Laufe des 14. Jahrhunderts wurde begonnen, gegen ein gewisses Entgeld so genannte Wappenbriefe auszustellen. Dies waren offizielle Urkunden, um die Verleihung eines neuen Wappens oder einer Wappenbesserung zu dokumentieren, die immer von einem souveränen Herrscher wie Kaiser, Fürst etc. ausgestellt worden sind. Im 15. Jahrhundert stieg die Zahl der ausgestellten Wappenbriefe stark an, da immer mehr Bürgerliche ein Familienwappen annahmen und sich dies mit einem Wappenbrief bestätigen liessen. Auch von den hier vorgestellten Familien machten viele von dieser Praxis Gebrauch. So stellte 1535 der spätere Kaiser Ferdinand I. Heinrich Ryhiner (gest. 1553) einen Wappenbrief aus, der ihm erlaubte, sein angestammtes Zeichen in neuen Farben zu führen. Ein Ahnherr der Familie Wieland, Ulrich (gest. 1575), erhielt 1558 vom Hofpfalzgrafen Ritter Wilhelm Böcklin von Böcklinsau einen Wappenbrief verliehen, der mit einem Lehensartikel, d.h. dem Recht, Lehen zu erwerben und zu besitzen, versehen war. Auch bei der Familie Vischer wissen wir, dass sie einen

Wappenbrief erhalten hat. Das heute noch von der Familie geführte Wappen wurde 1593 dem Kaufmann Leonhard (gest. 1596) durch Philipp Paumgartner von und zu Paumgarten, Freiherr zu Hohenschwangau und Erbbach, verliehen.

Die Beschreibung der Wappen erfolgt immer aus der Perspektive des Wappenträgers, weshalb heraldisch rechts vom Betrachter aus gesehen links erscheint und umgekehrt. Wichtigster Bestandteil des Wappens ist der Schild (Blason), der auch alleine verwendet werden kann. Zu einem Vollwappen kommt das Oberwappen hinzu, das aus Helm, Helmdecke und Helmzier besteht. Zur besseren Verbindung der Helmzier mit dem Helm befindet sich dazwischen oft eine gewundene Binde (Wulst) oder eine Helmkrone (Edelkrone). In der Heraldik existieren nur sechs Farben, Rot, Blau, Grün, Schwarz, Gelb und Weiss. Gelb und Weiss stehen für Metalle und werden Gold resp. Silber genannt. Bei der Anordnung der Farben, der so genannten Tinkturen, gibt es einige Regeln. Allgemein gilt zu beachten, dass eine Figur von heller Farbe immer auf einem aus einer dunkleren Farbe bestehenden Hintergrund und umgekehrt dargestellt werden sollte. Weiter gilt, dass auf eine Farbe immer ein Metall folgen sollte und umgekehrt.

Die Wappenzeichen teilen sich in die zwei Hauptgruppen Heroldsbilder und gemeine Figuren auf. Heroldsfiguren sind alle geometrischen Objekte im Schild, wie Teilungen über Balken und Pfähle bis hin zu Sparren, Spitzen und Kreuzen. Gemeine Figuren sind Schildbilder, die aus der Natur übernommen wurden. Die grundsätzlich heraldisch stilisierten Figuren haben Vorbilder sowohl in der belebten als auch in der unbelebten Natur, oft kommen sie auch aus einer fantasievollen Fabelwelt. Von unseren Familien weisen z.B. die Werenfels (geschweifte, steigende Spitze), die Passavant (gespaltener Schild) oder die Werthemann (geteilter Schild) Heroldsfiguren auf. Über gemeine Figuren verfügen ebenfalls viele Familien in ihren Wappen. Einige haben Tiere im Wappen wie die de Bary (drei Barbenköpfe), die Geigy (Geier), die Riggenbach (Schwan) oder die Socin (Löwe). Auch Pflanzen kommen relativ häufig vor, so bei den Bernoulli (grüner Zweig), bei den Kern (drei Ähren), bei den Legrand (drei Kleeblätter) oder bei den Wieland (Rose). Eine weitere Gattung sind Waffen, die bei den Hoffmann (zwei gekreuzte Pfeile), bei den Staehelin (Morgenstern) oder bei den Stückelberger (Kanone) vorkommen, oder Menschen, die bei den Passavant (Krieger mit Speer) oder den Preiswerk (Knabe mit Lorbeerzweig) auftauchen. Wieso eine Familie über eine bestimmte Figur im Wappen verfügt, ist oft nicht klar und nur schwer herauszufinden. Viele Wappen von Bürgerlichen sind so genannte redende Wappen, d.h. eine Wiedergabe des Familiennamens. Auch bei unseren Familien ist diese Art von Wappen häufig zu finden. Wir sehen z.B. bei den Bachofen einen brennenden Backofen, bei den Lichtenhahn einen Hahn mit zwei brennenden Lichtern im Schnabel oder bei den von der Mühll drei Mühleisen. Auch die Wappen der Bischoff mit einem Bischofsstab und der Christ mit einem Arm, der ein Kreuz hält, haben etwas mit dem Familiennamen zu tun. Die Hauszeichen oder Hausmarken, die ab dem 12. Jahrhundert oft zur Kennzeichnung der Häuser in den Städten anstelle der heutigen Nummerierung gedient haben, bilden ebenfalls die Quelle vieler bürgerlicher Familienwappen. So finden wir bei den Merian, bei den Faesch oder bei den Burckhardt ein solches Hauszeichen im Wappen.

Bachofen

Familie, deren Wurzeln im zürcherischen Amt Kyburg liegen. Heinrich Bachoffner erwarb 1546 das Basler Bürgerrecht, nachdem er schon mehrere Jahre, jedenfalls spätestens seit 1538, in Basel ansässig war. Ebenfalls 1546 wurde er in die Schneidernzunft aufgenommen und heiratete Adelheid Erni. Ob sie Kinder hatten, ist nicht bekannt. 1584 wurde Johann Jakob Bachoffen (1546–1617/18), der ebenfalls aus Zürich stammte, das Basler Bürgerrecht verliehen. Ob die beiden miteinander verwandt waren, ist unklar.

Ab der zweiten Hälfte des 17. Jh. fanden die Bachofen durch Einheirat in führende Basler Familien Eingang und spielten ab diesem Zeitpunkt eine Rolle im industriellen und gesellschaftlichen Leben von Basel. So war der Bandfabrikant Johann Jakob Bachofen (1701–1784) ein Förderer der Basler Seidenindustrie und der Begründer der bekannten, von seinen kunstliebenden Nachkommen vermehrten, so genannten «Bachofschen Gemäldesammlung». Die Bachofen waren v.a. als Schneider, Goldschmiede oder Kaufleute tätig; im 18. und 19. Jh. stellte die Familie mehrere Geistliche. Die Familie besass mehrere Liegenschaften in der Stadt (u.a. Rollerhof, Wendelsdörfer Hof) und bis spätestens zur Kantonstrennung 1833 auch Güter auf der Landschaft (u.a. Schloss Ebenrain, Sissach).

Eine bekannte Persönlichkeit der Familie ist der Mythenforscher, Rechts- und Kulturhistoriker Johann Jakob Bachofen (1815–1887), der v.a. mit seinem 1861 erschienenen Werk «Das Mutterrecht» berühmt wurde. Darin formulierte er die Theorie von der führenden Stellung der Frauen in den frühen Kulturen.

Das Familienwappen zeigt in Rot einen Backofen mit herauslodernder Feuer.

Bernoulli

Ursprünglich aus Antwerpen stammendes, im 17. Jh. in Basel eingebürgertes Geschlecht. Es wird vermutet, dass es identisch ist mit dem in Flandern im 15. Jh. vorkommenden Geschlecht der Bornouilla, das v.a. in den Kämpfen zwischen den Herzögen von Burgund und Orléans um die Regentschaft Frankreichs in Erscheinung trat.

Einige Familienmitglieder der Bernoulli flüchteten 1570 aus religiösen Gründen von Antwerpen nach Frankfurt am Main, während andere nach Hamburg, Köln oder Breslau zogen. Von Frankfurt am Main kam Jakob Bernoulli (1598–1634) nach Basel und erhielt 1622 das städtische Bürgerrecht. Als Sohn eines reichen Frankfurter Spezierers (Gewürzhändlers) war er zwei Jahre zuvor als Ladendiener in die Spezereihandlung von Hans Heinrich Frey im Haus «Zur Gens» am unteren Spalenberg eingetreten. Frey bestimmte ihn nach der Ermordung seines Sohnes zu seinem Nachfolger und gab ihm seine einzige Tochter Maria (1596–1625) zur Frau. Rasch gelangte Jakob zu Ansehen und Reichtum, doch 1634 starb er an der Pest. Sein Sohn Niklaus (1623–1708) übernahm das väterliche Spezereigeschäft und zog als Sechser der Zunft zu Safran 1668 in den Grossen Rat ein; ebenso war er Beisitzer des Grossbasler Stadtgerichts sowie Mitglied des Ehegerichts und des Rechenrats. Mit seiner Ehefrau Margaretha (1628–1673), der Tochter des Handelsmannes und Ratsherrn Emanuel Schönauer-Herwagen, hatte er elf Kinder, darunter die beiden grossen Mathematiker Jakob II. (1654–1705) und Johann (1667–1748), welche den Ruhm der Familie Bernoulli als hervorragende Mathematiker und Naturwissenschaftler begründeten. Ursprünglich hatte der Vater ganz andere Pläne mit seinen Kindern. Das älteste Kind sollte eigentlich Geistlicher werden. Deshalb absolvierte

Jakob II. zunächst auch das Studium der Theologie. Schon in jungen Jahren war in ihm jedoch die Liebe zur mathematischen Wissenschaft erwacht, der er den grössten Teil seiner freien Zeit widmete. Der Vater sah dies allerdings nicht gern, und so studierte Jakob hinter seinem Rücken Mathematik. 1682/83 hielt er die ersten Vorlesungen über Experimentalphysik. Bei der nächsten Vakanz wurde ihm die Professur für Mathematik übertragen, und so bestieg er 1687 die Lehrkanzel, die nun über hundert Jahre lang mit dem Namen der Familie Bernoulli verbunden bleiben sollte. Jakob II. wurde ein berühmter Mathematiker. Unter anderem bestimmte er unendliche Zahlenreihen (so genannte «Bernoullische Zahlenreihen»), führte den Begriff des Integrals ein und begründete mit anderen die Wahrscheinlichkeitsrechnung. Auch sein Bruder Johann widmete sich mit Leidenschaft mathematischen Problemen. Allerdings studierte auch er zunächst etwas anderes, und zwar Medizin, worin er 1694 promovierte. 1695 erhielt Johann die Mathematikprofessur an der Universität in Groningen. 1705 trat er an der Universität Basel die Nachfolge seines Bruders Jakob II. als Professor für Mathemathik an. Johann wendete die Infinitesimalrechnung auf mechanische und hydraulische Probleme an und lieferte wichtige Beiträge zur Differenzialgleichung. Er war der Vater der drei ebenfalls sehr bekannten Wissenschaftler Daniel (1700–1782), Nicolaus II. (1695–1726) und Johann II. (1710–1790). Daniel war Arzt, Physiker und Mathematiker und gilt als der Begründer der Hydrodynamik. Er schuf die ersten Ansätze zu einer kinetischen Gastheorie. Zwischen 1733 und 1782 war er Professor der Anatomie und Botanik an der Universität Basel.

Nicolaus II. war zunächst Professor der Rechte in Bern und ging dann später mit seinem Bruder Daniel nach St. Petersburg an die Akademie als Professor für Mathematik. Nach nur neun Monaten starb er dort. Nicolaus II. arbeitete auf verschiedenen mathematischen, aber auch mechanischen Gebieten und kämpfte im Streit zwischen Leibnitz und Newton um die Priorität der Entdeckung der Infinitesimalrechnung mit seinem Vater auf der Seite der Leibnitz-Anhänger.
Johann II. war als Jurist und Mathematiker tätig. Er war zunächst Professor der Eloquenz und danach Professor der Mathematik an der Universität Basel. Er arbeitete auf verschiedenen Forschungsgebieten, u.a. leistete er einen wichtigen Beitrag zur transversalen Wellenoptik. Johann II. führte die umfangreiche Korrespondenz seines Vaters fort. Auch zwei seiner Söhne erlangten Berühmtheit: Johann III. (1744–1807) und Jakob II. (1759–1789).
Johann III. war als Mathematiker und Physiker tätig und beschäftigte sich u.a. mit der Elastizitätstheorie. Er wurde königlicher Astronom in Berlin und war ein leidenschaftlicher Reisender. Bekannt wurde er v.a. durch seine Reiseberichte. Seine immense Korrespondenz übertraf noch die des Grossvaters.
Jakob II. war Mathematiker in Basel und St. Petersburg und war auch in der Jurisprudenz ausgebildet. Sein Fachgebiet war u.a. der Bereich der Elastizitätsmechanik.
Das Familienwappen zeigt in Silber einen dreigeteilten grünen Zweig mit je neun (oder auch sieben) Blättern.

Bischoff

In der Region Basel gab es im 12., 13. und 14. Jh. zahlreiche Vertreter dieses Namens, ohne dass ein Zusammenhang der einzelnen Personen nachweisbar wäre. Ab dem 13. Jh. taucht eine Familie mit dem Namen Bischoff von Vislis auf, die jedoch kurz nach 1500 ausgestorben ist. Die nun hier genauer vorgestellte Familie stammt aus Schlettstadt und hat verwandtschaftlich gesehen nichts mit der ersteren zu tun. Sie geht auf den Buchdrucker Niklaus Bischoff (1501–1564), genannt Episcopius, zurück, der Mitglied des Grossen Rates war und 1537 einen kaiserlichen Wappenbrief erhielt. Vielleicht ist er der Enkel von Andreas Bischoff (gest. 1482), Kaufmann aus Schlettstadt, der 1458 erstmals in Basel in Erscheinung trat, der Zunft zu Safran beitrat und 1462 das Basler Bürgerrecht erhielt. Sein gleichnamiger Enkel Andreas II. (1481–1558), machte sich als Wechsler einen Namen und wurde 1510 Ratsherr, 1519 Landvogt in Münchenstein und 1520 Dreierherr. Wegen der Reformation wanderte Andreas II. nach Freiburg im Breisgau aus und wurde dort bischöflicher Obervogt zu Binzen.

Ein bekanntes Familienmitglied ist der Bankier und Politiker Achilles Bischoff (1797–1867), der 1843 zu den Mitbegründern der «Giro und Depositenbank», dem ersten öffentlichen Basler Bankinstitut, zählte. Nach ihm wurde die Achilles Bischoff-Strasse benannt.

Eine weitere Persönlichkeit ist der Politiker Wilhelm Bischoff (1832–1913), der Regierungsrat und wiederholt Regierungspräsident sowie Oberst der Infanterie und Kommandant der IX. Infanteriebrigade war.

Das Familienwappen zeigt in Blau einen goldenen Bischofsstab.

Burckhardt

In Basel sind verschiedene Familien mit diesem Namen nachweisbar. Der Name geht auf den althochdeutschen Männernamen Burghard oder Burkhart zurück und war in alemannischen Gebieten weit verbreitet. Im späten Mittelalter entwickelte sich daraus neben anderen Varianten wie Burgath, Burget, Bürki oder Bürgin der Geschlechtsname Burckhardt. Eine heute noch blühende Basler Familie mit diesem Namen geht auf Christoffel Burckhart (1490–1578) zurück und hat ihre Wurzeln im Schwarzwald, genauer in Britznach. Christoffel taucht in den Quellen als Tuch- und Seidenkrämer auf, der 1521 das Zunftrecht der Zunft zu Safran erwarb. Nachdem er 1523 das hiesige Bürgerrecht erlangte, trat er 1536 auch noch der Zunft zum Schlüssel bei. Seine zahlreichen Nachfahren gehörten zu einem grossen Teil ebenfalls diesen beiden Zünften an, da sie sich oft sowohl im Klein- als auch im Gross- und Fernhandel betätigten. Christoffel war zweimal verheiratet. Seine erste Frau war Ottilia Mechler (gest. 1538), die Tochter eines reichen Tuchhändlers. Nach ihrem Tod heiratete er 1539 Gertrud Brand (gest. 1600), die Tochter des Oberstzunftmeisters und späteren Bürgermeisters Theodor Brand. Dank der zweiten Ehe rückte Christoffel rasch in die damalige städtische Oberschicht auf. 1553 zog er als Sechser der Safranzunft in den Grossen Rat ein. Seine beiden Frauen schenkten ihm 22 Kinder, die sich später in die ersten Familien der Zeit einheirateten. Nicht zuletzt auf die grosse Nachkommenschaft ist der grosse Einfluss zurückzuführen, den die Burckhardt fortan im städtischen Gemeinwesen einnahmen. Ihre grösste Machtfülle erlebte die Familie im 17. Jh., als ein Fünftel der hohen Ämter wie Oberstzunftmeister oder Bürgermeister durch sie ausgeübt worden ist.

Einen wesentlichen Platz nimmt die Familie auch in der Geschichte der Universität Basel ein, denn kein anderes Basler Geschlecht hat eine so grosse Zahl bedeutender akademischer Lehrer hervorgebracht. Dazu zählt sicherlich der Historiker und Kunsthistoriker Jacob Burckhardt (1818–1897). Als Sohn eines Geistlichen studierte er zwischen 1837 und 1839 zunächst Theologie, danach zwischen 1839 und 1843 Geschichte und Philologie an den Universitäten Bonn, Berlin und Basel. Nachdem er 1843 promoviert hatte, begab er sich auf verschiedene Bildungsreisen. 1858 wurde er an die Universität Basel berufen, wo er bis 1893 Geschichte und später auch Kunstgeschichte lehrte. Als sein Hauptwerk gilt die 1860 erschienene «Kultur der Renaissance in Italien». Mit diesem und anderen Werken gilt er als einer der Begründer der Kunstgeschichte im modernen Sinn.

Eine andere interessante Persönlichkeit ist der Forschungsreisende Johann Ludwig Burckhardt (1784–1817) besser bekannt unter «Scheik Ibrahim». Nach fünf Studienjahren in Deutschland wurde er vom Vater nach London geschickt. Hier tauchte zum ersten Mal der Gedanke auf, sich in den Dienst einer Gesellschaft zu begeben, die junge Männer nach Afrika sandte, um das Innere des Kontinents zu erforschen. Nach Jahren gründlicher Vorbereitung begann seine Reise 1809 in Aleppo. Sie führte ihn durch Ägypten, Nubien, Arabien und Syrien. Um die dort ansässigen Menschen besser zu verstehen, nahm er die Lebensgewohnheiten der von ihm erforschten Völker an und lernte ihre Sprachen. Leider hat eine lebensgefährliche Fischvergiftung seine Forschertätigkeit jäh beendet.

Ebenfalls sehr bekannt wurde der Theologe und Dichter Abel Burckhardt (1805–1882), der neben seiner theologischen Tätigkeit zahlreiche Lieder und Gedichte verfasste, viele davon auf Baseldeutsch. Bekannt wurde er v.a. mit seiner 1845 erschienenen Liedersammlung «Kinder-Lieder», die dreizehn Kinderlieder für die verschiedenen kirchlichen Festtage enthielt. So manches Basler Kind lernt im Kindergarten oder in der Schule noch heute das eine oder andere Lied aus dieser Sammlung.

Bekannte Persönlichkeiten aus neuerer Zeit sind u.a. der Jurist und Dichter Felix Burckhardt (1906–1992) oder der Historiker, Essayist und Diplomat Carl Jacob Burckhardt (1891–1974). Felix Burckhardt wirkte neben seiner Tätigkeit als Advokat und Notar u.a. als Sekretär der Medizinischen Gesellschaft Basel oder der Krebsliga beider Basel. Für seinen grossen Einsatz im medizinischen Bereich erhielt er 1974 die Ehrendoktorwürde der Universität Basel. Einer breiten Öffentlichkeit ist er allerdings eher unter dem Pseudonym «Blasius» als Basler Mundartdichter bekannt, der Gedichtsammlungen wie «Verzell Du das em Fährimaa» (1955), «I bin e Bebbi» (1967) oder «Haimlifaiss» (1984) verfasste.

Carl Jacob Burckhardt trat nach Abschluss seines Studiums in den diplomatischen Dienst. Daneben wurde er 1929 Professor für Geschichte in Zürich. Zwischen 1937 und 1939 war er Hoher Kommissar des Völkerbundes in Danzig und zwischen 1945 und 1948 Präsident des Internationalen Komitees vom Roten Kreuz.

Das Familienwappen zeigt in Gold mit schwarzem Schildrand eine verschlungene schwarze Initiale, bestehend aus den Buchstaben S und T, dem Hauszeichen des Ahnherrn Christoffel Burckhardt.

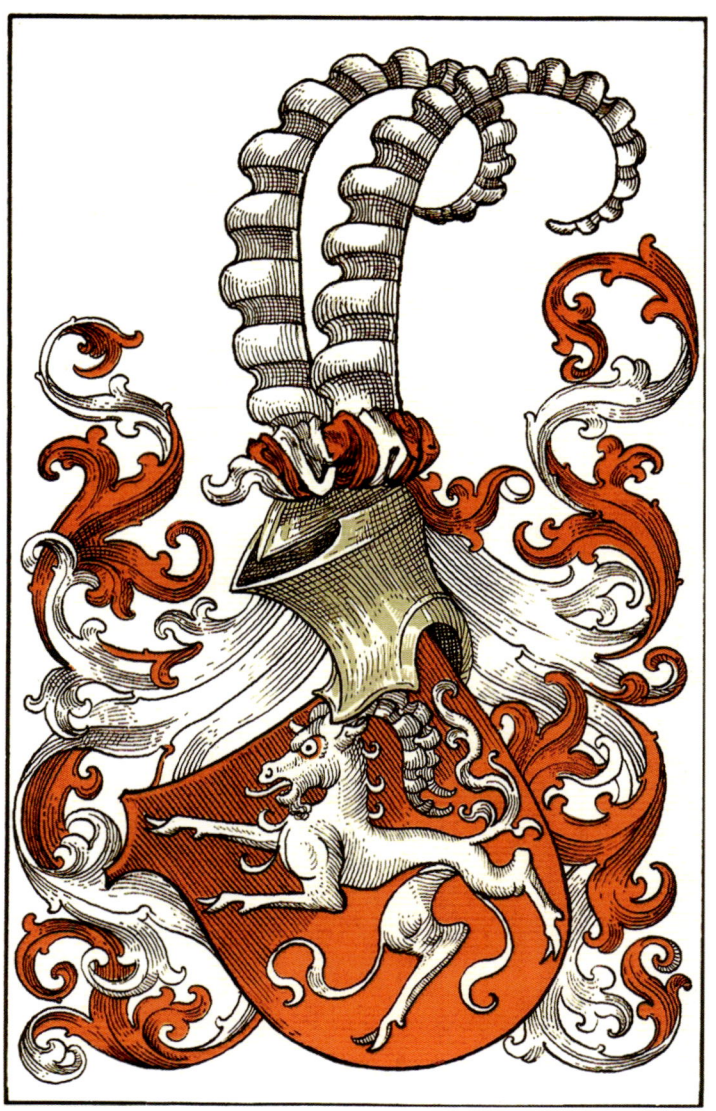

Buxtorf

Basler Gelehrtenfamilie, deren Wurzeln in Westfalen liegen. 1588 kam Johannes Buxtorf d.Ä. (1564–1629) von Kamen nach Basel. Nachdem er 1590 das Bürgerrecht erhalten hatte, wurde er 1591 Professor für hebräische Sprache an der Universität Basel. Als Johannes starb, folgte ihm sein aus der Ehe mit Margaretha Curio (1573–1659) geborener gleichnamiger Sohn Johannes (1599–1664) nach und wurde 1630 ebenfalls Professor der hebräischen Sprache. Um ihn davon abzuhalten, einem Ruf an die Universität Leiden zu folgen, erhielt er 1647 den eigens für ihn geschaffenen Lehrstuhl für Dogmatik. Auch sein Sohn, Johann Jakob (1645–1704), übernahm schliesslich den Lehrstuhl für Hebräisch. Nach dessen Tod ging die so genannte «Buxtorfsche Bibliothek», u.a. mit orientalischen und rabbinischen Handschriften, an die Universität Basel über. Die Professur für Hebräische Sprache an der Universität Basel blieb noch bis 1732 in der Familie.
Auf politischer Ebene war der Handelsmann Andreas Buxtorf (1740–1815) äusserst erfolgreich. 1765 wurde er Mitglied des Grossen Rates und 1768 des Kleinen Rates. Weiter wurde er 1777 Landvogt zu Kleinhüningen, 1783 Mitglied im Dreier, 1784 Oberstzunftmeister und 1796 Bürgermeister.
Ein bekannter Gelehrter aus neuerer Zeit ist der Geologe Karl August Buxtorf (1877–1969). Er war Professor für Geologie-Paläontologie an der Universität Basel und gilt als Begründer der so genannten Abscher- und Fernschubhypothese des Faltenjuras.
Das Familienwappen zeigt in Rot einen silbernen Steinbock.

Christ

Basler Familie, deren Vorfahren aus Nancy stammen. Als Refugianten kamen einige Familienmitglieder ins Elsass und von dort nach Basel. Der Stammvater des Basler Zweiges, Tobias Chrestien (1582–1647), stammte aus Sainte-Marie-aux-Mines (Markirch) im Elsass. Der Handelsmann wurde 1622 ins hiesige Bürgerrecht aufgenommen. Sein Sohn, der Kaufmann Jakob (1617–1671) verdeutschte den alten Familiennamen «Chrestien» in die heutige Form. Seine Nachkommen stiegen dank ihrer Tüchtigkeit und ihren Ehebündnissen mit Töchtern aus einflussreichen Familien der Stadt rasch zu hohem Ansehen auf. Franz Christ (1688–1744) war zwischen 1721 und 1744 Professor der Rechte, ab 1722 Stadtschreiber und ab 1734 Stadtconsulent. Sein Sohn Hieronymus (1729–1806) war Landvogt zu Münchenstein und später Ratsherr und Mitglied im Dreizehner. Als Gegner von Peter Ochs und der revolutionären Bewegung legte er 1798 alle seine Ämter nieder.

Weitere bekannte Familienvertreter sind u.a. der Seidenbandfabrikant, Richter und Politiker Adolf Christ (1807–1877), der sich für einen verbesserten Kinderschutz und die Einführung einer staatlich überwachten, obligatorischen Krankenversicherung einsetzte, oder der Jurist, Botaniker und Philanthrop Hermann Christ (1833–1933), der als einer der ersten einflussreichen Vertreter des Naturschutzes gilt. Er war massgeblich beteiligt an der Entstehung des Schweizerischen Nationalparks.

Das Familienwappen zeigt in Rot einen aus den Wolken wachsenden Arm, der ein Kreuz hält.

De Bary

Basler Familie, die auf ein altes Ministerialengeschlecht der Grafen von Hennegau in Tournai zurückgeht. Ein Vorfahre war Antoine de Bary (1492–1575), Bürger und Patrizier aus Tournai, dessen Ehefrau Philippine Coquiel dit le Mercier (1509–1597) mit einem Teil der Kinder als protestantische Religionsflüchtlinge nach Frankfurt am Main flüchtete. Antoine hingegen und eine Tochter blieben der alten Religion treu und verliessen ihre Heimatstadt nicht. Ihr gemeinsamer Sohn Martin (gest. 1576) kam nach Basel und wurde 1570 eingebürgert. Dessen Nachkommen wanderten jedoch nach Genf, Amsterdam und England weiter.

Stammvater des Basler Zweigs wurde der Seidenhändler Johannes de Bary (1606–1684), der 1633 das Basler Bürgerrecht erhielt. Auf Veranlassung des Basler Seidenbandfabrikanten Achilles Werthemann liess er sich 1624 in Basel nieder und wurde 1632 dessen Teilhaber. Dies bildete die Grundlage der angesehenen Stellung, die sich die Familie im Laufe der Zeit in der Basler Gesellschaft erwarb.

Auf politischer Ebene wurden die de Bary 1716 zum ersten Mal in den Grossen Rat und drei Jahre später zum ersten Mal in den Kleinen Rat gewählt. Politisch besonders erfolgreich war der Seidenbandfabrikant Johannes de Bary (1710–1800). Er wurde 1760 Oberstzunftmeister und regierte zwischen 1767 und 1796 als Bürgermeister. Als ein geachteter eidgenössischer Staatsmann wurde er mit zahlreichen politischen Missionen betraut.

Das Familienwappen zeigt in Rot drei silberne Barbenköpfe.

Faesch

Basler Familie, die im 14. Jh. aus Freiburg im Breisgau eingewandert ist. Über dieses Geschlecht sind wir gut unterrichtet, da ein Familienbuch existiert, in dem alles Wissenswerte über die Familie über lange Zeit hinweg festgehalten worden ist. Als der Oberstzunftmeister und Bürgermeister Remigius Faesch (1541–1610) an einer schweren Krankheit litt, wurde er oft vom Antistes Johann Jakob Grynaeus besucht. Auf dessen Anregung hin bat der Kranke seinen Sohn Johann Rudolf (1572–1659), der später ebenfalls Oberstzunftmeister und Bürgermeister wurde, alles über die Familie Faesch aufzuzeichnen. Das erste Familienmitglied, das in Basel eingebürgert wurde, ist der Ziegler Heintzmann Vaesch, der ab 1404 in den Quellen auftaucht und 1409 das Basler Bürgerrecht umsonst erhielt, da er am Kriegszug der Stadt gegen Ystein teilgenommen hatte.

Mit dem Goldschmied Hans Rudolf Faesch (1510–1564) begann der gesellschaftliche und politische Aufstieg der Familie. Er erhielt 1563 einen kaiserlichen Wappenbrief. Ab Mitte des 16. Jh. sass für lange Zeit jeweils ein Faesch als Vogt auf Schloss Waldenburg, Homburg oder Farnsburg, während gleichzeitig ein anderes Mitglied der Familie im Rat der Stadt vertreten war. Das Geschlecht hat wohl neben der Familie Burckhardt die meisten politischen Ämter besetzt.

Bekannte Persönlichkeiten der Familie sind u.a. der Heerführer Emanuel Faesch (1646–1693), der 1685 zum Kurkölnischen Brigadegeneral ernannt worden ist, oder der Erzbischof von Lyon und spätere Kardinal Joseph Faesch (1763–1839).

Das Familienwappen zeigt in Gold ein schwarzes Hauszeichen.

Geigy

Im 17. Jh. aus dem Thurgau eingewandertes Basler Geschlecht. 1639 erhielt Thomas Anton Gigi, Müller aus Zuben, das Basler Bürgerrecht verliehen. 1628 hatte er Anna Catharina Merian (geb. 1603) geheiratet. Ihr Sohn, der Müller Hans Georg (1642–1729), kam 1687 als Sechser in den Grossen Rat und dessen Sohn, der Chirurg Thomas (1684–1770), 1758 in den Kleinen Rat. Auf den Sohn von Thomas wiederum, Johann Rudolf (1733–1793), führte die Firma J.R. Geigy AG ihre Wurzeln zurück, die 1970 mit der Ciba Aktiengesellschaft zur Ciba-Geigy AG fusionierte. Johann Rudolf Geigy-Gemuseus gründete 1758 eine Drogenwarenhandlung (Handel mit Rohstoffen für Heilmittel) in der Freien Strasse. Sein Enkel Carl (1798–1861) wurde 1824 Teilhaber dieser Drogenwarenhandlung und lenkte den Betrieb mehr und mehr zum Handel mit Farbstoffen hin. 1856 zog er sich aus dem Farbstoffhandel zurück und überliess das Geschäft seinem Sohn Johann Rudolf (1830–1917), Mitbegründer der Handelskammer beider Basel und der Basler Handelsbank. Von nun an widmete sich Carl Geigy-Preiswerk der Politik, wo er sich v.a. der schweizerischen Verkehrspolitik zuwandte. Als Direktor der Schweizerischen Centralbahn setzte er sich massgeblich für den Bau der Nord-Süd-Linie Basel–Luzern–Gotthard ein.

Eine Persönlichkeit aus neuerer Zeit ist der Chirurg Carl Felix Geigy (1904–1977), langjähriger Chefarzt des Riehener Diakonissenspitals und Spezialist für Kopfchirurgie.

Das Familienwappen zeigt in Blau einen silbernen Geier (früher Kuckuck) mit ausgebreiteten Flügeln auf grünem Dreiberg.

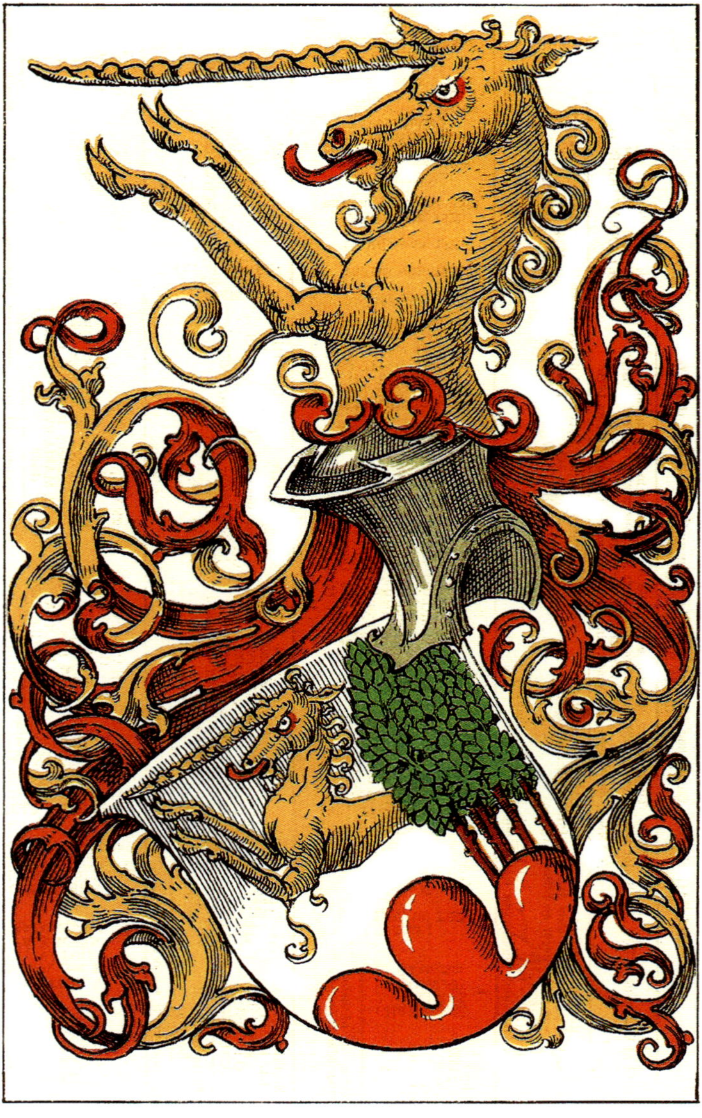

Hagenbach

Der Geschlechtsname Hagenbach findet sich in Basel und der Region schon im 14. Jh., auch werden schon zu Beginn des 15. Jh. Einbürgerungen in Basel erwähnt. Der Familienname weist auf das Dorf Hagenbach im Elsass hin. Die ununterbrochene Stammreihe der Basler Hagenbach jedoch führt nach Mühlhausen, wo die Familie ab dem 15. Jh. nachweisbar ist. Der Tuchscherer und Schneider Hans Hagenbach (gest. 1524) wurde 1482 ins Basler Bürgerrecht aufgenommen, kehrte aber wieder an seinen Heimatort Mühlhausen zurück, wo er 1524 starb. Endgültig ansässig in Basel wurde erst sein Sohn Franz (1480–1554), der 1524 eingebürgert wurde.
Neben den Tuchhändlern und Goldschmieden, die durch ihre Tüchtigkeit und ihre Heirat mit Töchtern führender Geschlechter zu Reichtum und politischem Einfluss gelangten, gehörten der Familie auch zahlreiche Mediziner an.
Bekannte Persönlichkeiten der Familie sind u.a. der Kirchenhistoriker und Dichter Karl Rudolf Hagenbach (1801–1874), der in Basel Professor für Kirchen- und Dogmengeschichte war und baseldeutsche Gedichte verfasste, die in der Tradition von Johann Peter Hebel standen, sowie sein Sohn, der Physiker Eduard Hagenbach-Bischoff (1833–1910), der 1862 zum Professor für Mathematik und 1863 zum Professor für Physik ernannt wurde. Ihm ist u.a. das «Hagen-Poiseuille Gesetz» über die Ausflussgeschwindigkeit von viskosen Flüssigkeiten aus Röhren zu verdanken.
Das Familienwappen zeigt in Silber über rotem Dreiberg ein goldenes Einhorn, das aus einem grünem Tannenwald springt.

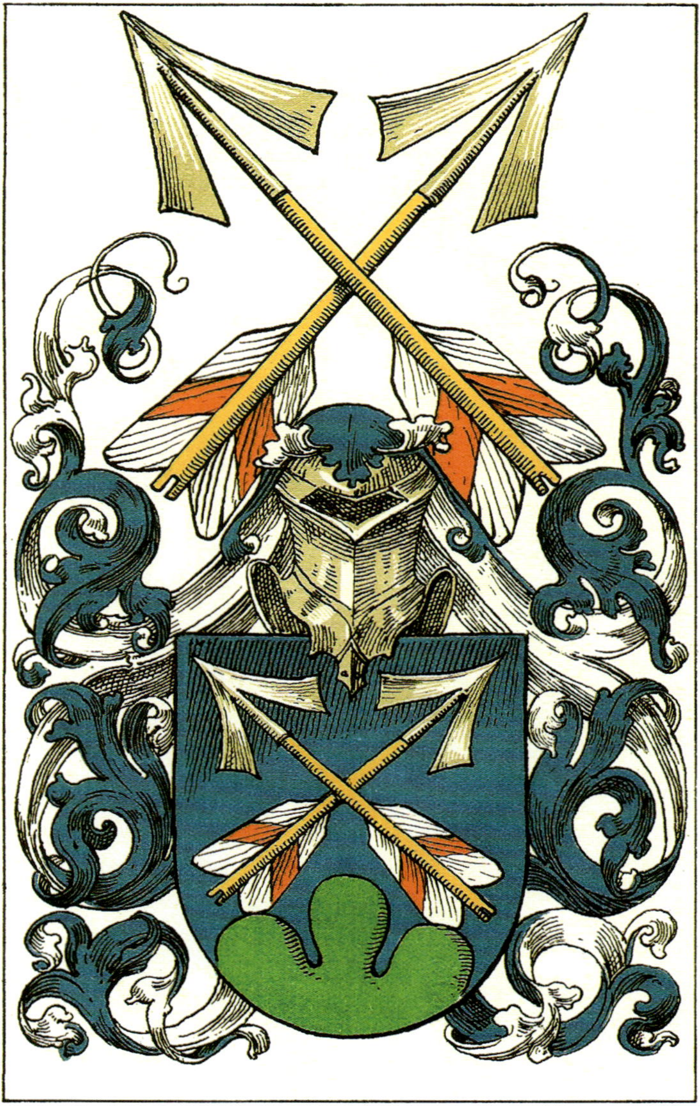

Hoffmann

In Basel sind verschiedene Familien mit diesem Namen nachweisbar. Die Wurzeln der bekanntesten von ihnen liegen in Münzenberg bei der Wetterau in der Nähe von Frankfurt am Main. Von dort kamen die Schuhmacher Philipp Hoffmann (gest. 1552) und Hans Hoffmann (gest. 1566), genannt «Seltenrich», nach Basel und wurden hier 1545 resp. 1528 eingebürgert. Auch ein Hans Hoffmann (gest. 1515), Schuhmacher auf Wanderschaft, kam nach Basel und wurde 1489 in das Basler Bürgerrecht aufgenommen. Ob es unter diesen Personen verwandschaftliche Beziehungen gibt, ist nicht bekannt. Sicher ist, dass Hans (gest. 1515) keine Nachkommen hatte, während Philipp und Hans (gest. 1566) Kinder hatten.

Der Schuhmacher, Lohnherr und Deputat Hans Heinrich Hoffmann (1564–1626) gelangte als erster seines Geschlechts in den Kleinen Rat. Jedoch mehr als in der Politik spielten die Hoffmann eine Rolle als Unternehmer. Erwähnt seien nur der Bandfabrikant Emanuel Hoffmann-Müller (1643–1702), der die Bandmühle von Holland nach Basel brachte und die Vormachtstellung der Basler Bandindustrie gegenüber anderen Produktionszentren begründete, oder Fritz Hoffmann (1868–1920), der 1896 den weltbekannten Konzern F. Hoffmann-La Roche AG gründete.

Eine weitere bekannte Persönlichkeit der Familie ist der Germanist und Volkskundler Eduard Hoffmann-Krayer (1864–1936), dessen volkskundliche Sammlung den Grundstock des Schweizerischen Museums für Volkskunde bildete.

Das Familienwappen zeigt in Blau über grünem Dreiberg zwei gekreuzte Pfeile.

40

Kern

Basler Familie, die sich bis ins 16. Jh. zurückverfolgen lässt. Hans Kern von Buchberg im Kanton Schaffhausen, der zwischen 1563 und 1569 in den Basler Quellen auftaucht, lebte zusammen mit seiner Frau Margaretha Meister in Riehen. Seine Nachkommen zogen jedoch von Basel wieder fort. 1626 wanderte der Fassbinder Sigmund Kern (1614–1652) wegen den Protestantenverfolgungen von Ottensheim ob der Enns nach Ortenburg bei Passau aus, kehrte aber um 1637 wieder nach Ottensheim zurück. Sein Sohn, der Küfermeister und Fassbinder Elias (1625–1717), gelangte 1645 ein erstes Mal nach Basel, um seine Basler Verwandten zu suchen. 1650 wurde er Basler Bürger; er gelangte 1676 als Sechser der Zunft zu Spinnwettern in den Grossen Rat und wurde 1687 Oberstmeister der Gesellschaft Zum Greifen. Drei seiner Enkel wurden ebenfalls Ratsmitglieder. Der Bäckermeister und Meister der Zunft zu Brotbecken Johann Philipp (1683–1769) kam 1723 in den Kleinen Rat und amtete u.a. auch als Mühlenherr, Waisenherr, Reformationsherr, Weinherr und ab 1753 als Dreizehnerherr. Sein Bruder Johannes (1687–1753) war ebenfalls Bäckermeister und gelangte in den Grossen Rat. Der dritte Enkel, der Küfer Elias (1702–1779), sass ab 1759 im Kleinen Rat.
Die Kern waren lange Zeit mehrheitlich als Küfer und Bäcker tätig. Erwähnenswert ist, dass vor 1798 fast sämtliche männlichen Familienmitglieder mit Ausnahme einiger jung Verstorbener zu irgendeiner Beamtung gelangten.
Das Familienwappen zeigt in Rot auf grünem Dreiberg drei goldene Ähren beseitet von zwei goldenen Sternen.

42

Koechlin

Basler Familie, die ursprünglich aus dem Kanton Zürich stammt und über Mühlhausen im Elsass nach Basel kam. Samuel Koechlin-Hofer (1719–1776), der 1746 die erste Indiennefabrik in Mühlhausen ins Leben gerufen hatte, gelangte dort zu Ansehen und Wohlstand. Seine Nachkommen waren am industriellen Aufschwung der Stadt Mühlhausen entscheidend beteiligt. Ein Sohn von ihm, Hartmann (1755–1813), der in Willer und Remiremont Baumwollwebereien gegründet hatte, hielt 1777 um die Hand von Salome Iselin, der dritten Tochter von Isaak Iselin (1728–1782), dem Begründer der Gesellschaft zur Förderung des Guten und Gemeinnützigen, an. Wohl auf Wunsch seiner Gattin bewarb sich Hartmann 1782 um das Basler Bürgerrecht, das ihm darauf unentgeltlich verliehen wurde. Der Rat hatte ihn jedoch von der Verpflichtung, als Basler Bürger hier Wohnsitz zu nehmen, befreit, da er weiterhin als Textilfabrikant im Elsass tätig war. Ihr Sohn, der Seidenbandfabrikant Samuel (1785–1874), wurde als erster der Familie Basler Ratsmitglied, da er als Meister der Vorstadtgesellschaft zur Mägd amtete.

Bekannte Persönlichkeiten der Familie sind der Seidenbandfabrikant und Politiker Alphons Koechlin-Geigy (1821–1893), der Mitbegründer der Basler Handelskammer und der Basler Handelsbank war, oder dessen Sohn, der Unternehmer Carl Koechlin-Iselin (1856–1914), der 1896 zum Nationalrat gewählt wurde und massgeblich an der Einführung des Postcheck- und Girodienstes beteiligt war.

Das Familienwappen zeigt in Gold eine blaue Traube mit Rebmesser.

44

La Roche

Aus Hildrizhausen (Württemberg) stammendes Basler Geschlecht, das früher den Namen «Hebdenstreit», später den Namen «Hebdenstreit genannt La Roche» trug und seit dem 19. Jh. ausschliesslich den Namen «La Roche» führt.

Ende der 1580er Jahre kam der Hafner Michael Hebdenstreit (1564–1604) auf seiner Wanderschaft nach Basel und wurde 1591 ins Basler Bürgerrecht aufgenommen. Im gleichen Jahr empfing er das Zunftrecht der Zunft zu Spinnwettern. Mit der Heirat seines Enkels Niklaus (1633–1706), Schulmeister zu St. Peter, mit Margaretha Faesch (1628–1655), der Enkelin des damaligen Bürgermeisters Johann Rudolf Faesch, begann der gesellschaftliche Aufstieg des Geschlechts. Seit 1667 ist es im Grossen Rat und seit 1763 im Kleinen Rat vertreten.

Der Name «La Roche» ist dem Hauptmann Johann Jakob Hebdenstreit-Hummel (1654–1717) zu verdanken, der an den Kriegen zwischen Frankreich und Holland teilgenommen hatte. Als Dank für seine Tapferkeit erhielt er vom französischen König Louis XIV. die Erlaubnis, den Zunamen «La Roche» zu führen.

Bekannte Vertreter des Geschlechts sind der Architekt Emanuel La Roche (1863–1922), dem wir u.a. die Fassade des Bundesbahnhofs, die Villa zur Mohrhalde in Riehen oder das De Wette-Schulhaus zu verdanken haben, oder seine Schwester, die Künstlerin Maria La Roche (1870–1952), die sich v.a. dem Blumenstück sowie dem Landschafts- und dem Städtebild gewidmet hat.

Das Familienwappen zeigt in Rot einen stehenden Krieger mit gezogenem Schwert.

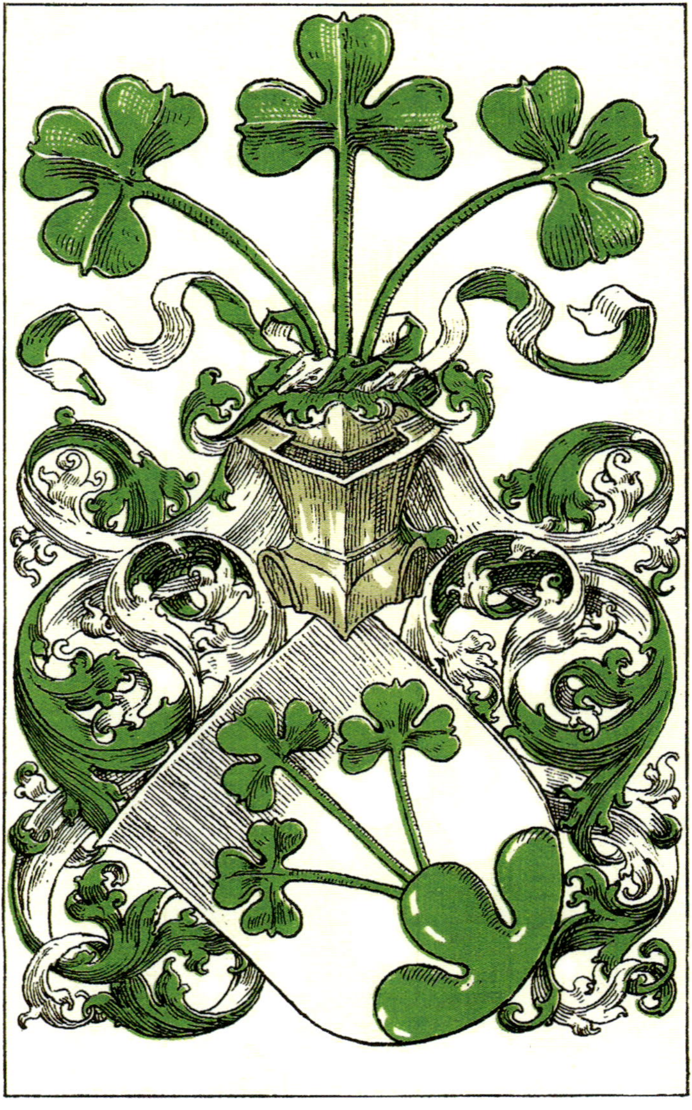

Legrand

Basler Familie, deren Heimat ursprünglich Tournay in den spanischen Niederlanden (Belgien) war. Als Refugiant flüchtete der Tuchhändler Abraham Le Grand zu Beginn des 17. Jh. nach Dortrecht und später nach Basel, wo sein Sohn Daniel (1613–1650), ebenfalls Tuchhändler, 1640 ins Bürgerrecht aufgenommen wurde. Im gleichen Jahr erwarb dieser auch das Zunftrecht der Zunft zu Safran und heiratete Elisabeth Jutton (1601–1676). Ihr Sohn Abraham (1643–1710) wurde 1687 zum Sechser ernannt und zog als erster der Familie in den Grossen Rat ein. Er war auch Mitglied des Stadtgerichts und Besitzer des nach ihm benannten «Le Grand-Guts» in Riehen, das er 1687 erwarb. Sein Sohn Daniel (1671–1734) heiratete Anna Maria Iselin (1679–1751), die Tochter des angesehenen Bandfabrikanten Christoph Iselin-Kuder, und gelangte so zu politischen Ämtern und Würden. 1710 wurde er Sechser der Schlüsselzunft und zog damit in den Grossen Rat ein. Neun Jahre später erfolgte die Wahl zum Zunftmeister; damit war er Ratsmitglied im Kleinen Rat.

Eine weitere bekannte Persönlichkeit der Familie ist auch der Bandfabrikant und Politiker Johann Lukas Legrand (1755–1836), der zwischen 1792 und 1798 letzter Landvogt von Riehen und 1797/98 treibende Kraft bei der Basler Revolution war, die 1798 zu einem unblutigen Herrschaftsverzicht der Stadt und zu einem Freiheitsbrief für die Landschaft führte.

Der Familienname wird nicht französisch, sondern mit Akzent auf der ersten Silbe (Lee-grand) ausgesprochen.

Das Familienwappen zeigt in Silber drei aus grünem Dreiberg wachsende grüne Kleeblätter.

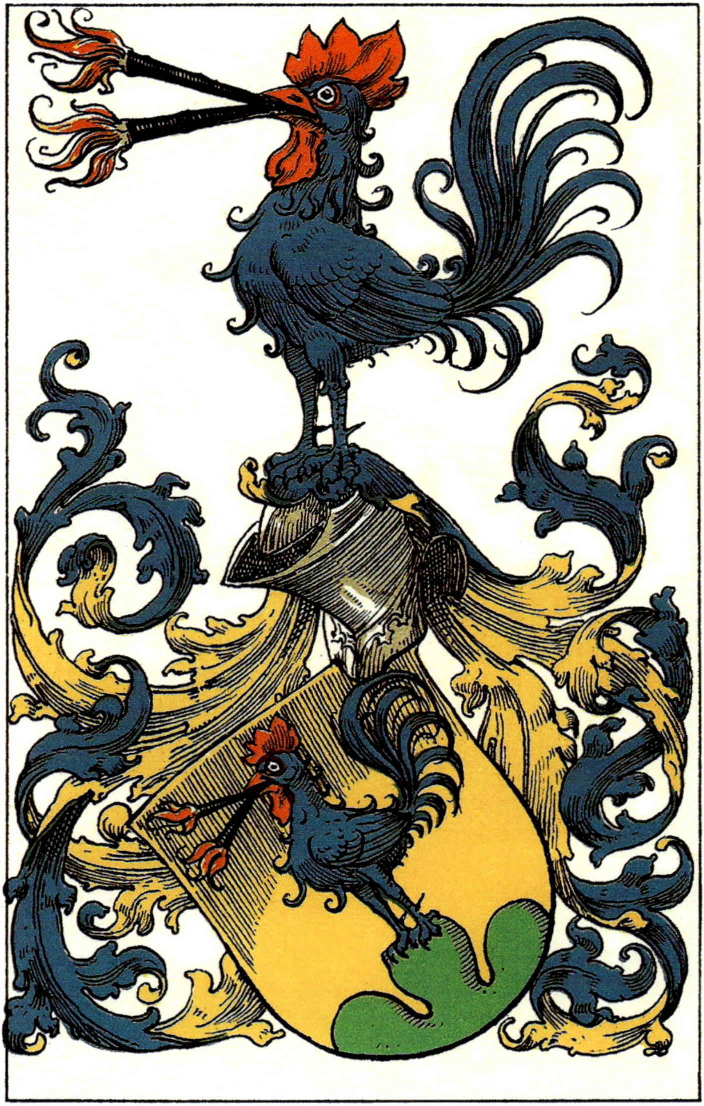

Lichtenhahn

Basler Familie, deren thüringischer und sächsischer Ursprung sich bis ins 12. Jh. zurückverfolgen lässt. Bereits 1196 sind Ekkehardus und Otto de Lichtenhain bezeugt, und ebenso finden sich später zahlreiche andere Angehörige des Geschlechts, das unter verschiedenen Namen wie «de Lichtenaw», «de Liechtenhagen», «de Ligtinhan», «de Liechtenhain» oder «Lichtenhan» erscheint. 1524 wurde der Eisenkrämer Ludwig Liechtenhan (gest. um 1558) aus Leipzig ins Basler Bürgerrecht aufgenommen. Die Eisenwarenhandlung, die er hier gründete, verblieb durch mehrere Generationen hindurch in Familienbesitz und bestand noch während des Dreissigjährigen Krieges. Sein Vetter Matthäus Lichtenhan (gest. um 1602), Kannengiesser aus Schneeberg aus den Bergstetten, bürgerte sich 1589 ebenfalls in Basel ein, doch ist dieser Familienzweig schon in der nächsten Generation erloschen. Ludwigs Sohn Isaac (1529–1608), der in zweiter Ehe mit Margret Gebhart (1550–1626), der Tochter des Bürgermeisters Lucas Gebhart-Respinger, verheiratet war, kam als Sechser der Zunft zu Safran 1589 in den Grossen Rat und wurde Gerichtsherr von Kleinbasel.
Eine bekannte Persönlichkeit der Familie ist Rudolf Lichtenhahn-Barth (1875–1947), Pfarrer der Matthäuskirche und ausserordentlicher Professor für Neues Testament an der Universität Basel, der sich vehement für die Idee eines internationalen Völkerfriedens eingesetzt hat.
Das Familienwappen zeigt in Gold auf grünem Dreiberg einen blauen Hahn mit zwei brennenden Lichtern im Schnabel.

50

Linder

Aus Passau in Bayern eingewandertes Basler Geschlecht. 1470 wurde Hans Linder in das Basler Bürgerrecht aufgenommen. Er betrieb das Handwerk eines Tuchscherers, dessen Arbeit u.a. im Säubern, Appretieren, Rauhen, Glätten oder Abmessen des Tuches bestand. Auch seine drei Söhne, Georg (um 1477–1506), Hans (um 1481–1519) und Peter (gest. um 1553), waren Tuchscherer. Ihre Nachkommen wandten sich anderen Zweigen des Textilgewerbes wie der Weberei, der Bleicherei oder der Färberei zu. Später wechselten einige Familienmitglieder auch zum Handel über.

In der Zunft zu Webern gelangten einige der Linder mehrfach zur Würde von Ratsherrn und Meistern. Sechs Angehörige bekleideten zwischen 1583 und 1759 das Meisteramt. Im 18. Jh. wurden einige der Linder Unternehmer in der Indienne-Fabrikation sowie im Kattun- und Zeugdruck, v.a. aber in der Seidenbandfabrikation. Der erste «Bändeliherr» der Familie und Gründer einer Bandfabrik war Johann Jakob Linder-Rüedin (1747–1821).

Bekannte Persönlichkeiten sind die Malerin und Mäzenin Emilie Linder (1797–1867), die in engem Briefkontakt mit Clemens Brentano stand, oder der Architekt Rudolf Linder (1849–1928), der u.a. die Villa an der St. Jakobs-Strasse 34, das Etagenwohnhaus «Am Viadukt» am Tiergartenrain oder einige Wohnhäuser rund um den Wettsteinplatz konzipierte.

Das Familienwappen zeigt in Blau auf grünem Dreiberg einen nach oben gerichteten Pfeil über zwei gekreuzten goldenen Doppelhaken.

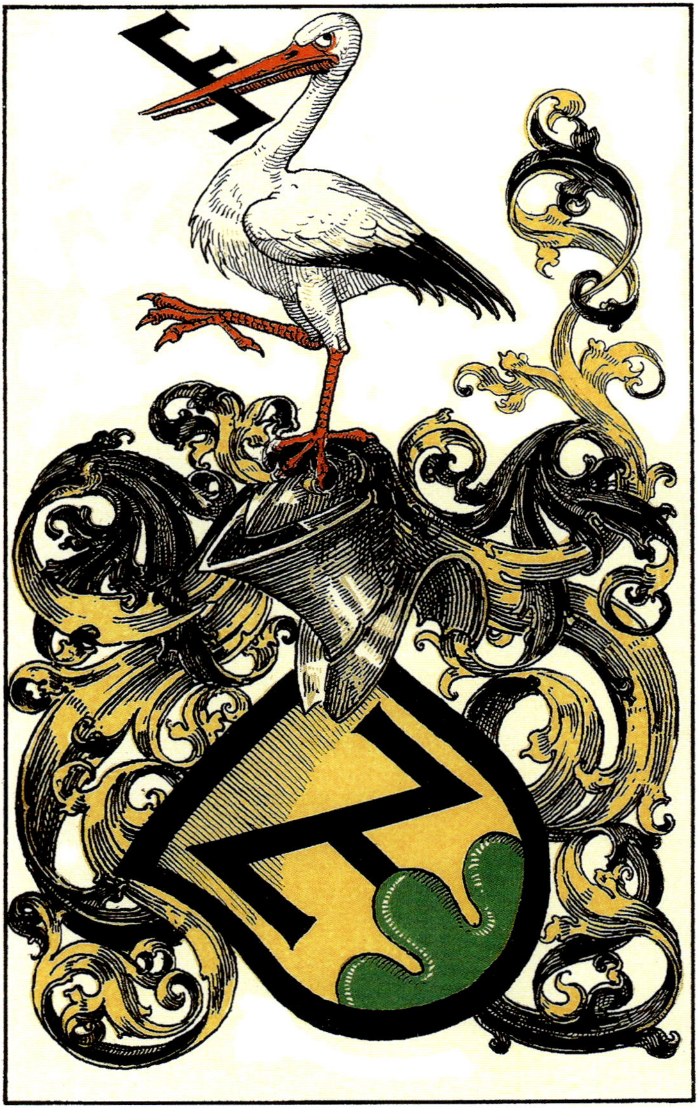

Merian

Basler Familie, deren Wurzeln in Muriaux im Berner Jura liegen. Das Geschlecht wurde zunächst nach seiner Herkunft «de Muriaux», «de Murial», «Muria», «Möryan» oder «Merean» genannt; daraus entwickelte sich dann der heutige Name. Als ältester bekannter Vertreter der Familie taucht der Schuhmacher Humbert de Muriaux in den Quellen auf, der um 1467 gestorben ist. Die ununterbrochene Stammlinie beginnt jedoch erst mit Theobald Muria (1415–1505), Meier von Courroux bei Delsberg. Einer seiner Söhne, der Säger und Schiffmann Theobald (1465–1544), erwarb 1498 das Basler Bürgerrecht. Dem Sägereigewerbe ist die Familie über Generationen treu geblieben, erweiterte es aber noch um den Holzhandel und die Holzverarbeitung. So kaufte der Enkel von Theobald Muria, der Säger und Dielenhändler Burkhard (1518–nach 1562), um 1553 in Kleinbasel eine Sägerei, die fortan «Meriansche Säge» genannt wurde und bis Ende des 19. Jh. in Familienbesitz blieb. Schon die Söhne von Theobald gelangten in den Rat, so der Schiffer Hans (1493–1552), der Schiffer Theobald (1503–1553), der Goldschmied Theodor (1514–1566), der 1563 einen kaiserlichen Wappenbrief erhielt, und der Säger und Dielenhändler Hans Ulrich (1520–1592), der überdies Dreizehner und Obervogt zu Riehen wurde.

Das Geschlecht brachte zahlreiche berühmte Persönlichkeiten hervor. Eine von ihnen ist der Zeichner, Kupferstecher und Verleger Matthäus Merian d.Ä. (1593–1650). Er schuf u.a. mehrere bekannte Stadtansichten von Basel, so auch die berühmte kolorierte Federzeichnung von Gross- und Kleinbasel aus der Vogelperspektive, den so genannten «Merian-Plan» von 1615. Sein Sohn, Matthäus Merian d.J. (1621–1687), war ebenfalls als Maler und

Kupferstecher tätig. Nach dem Tod seines Vaters übernahm er 1650 die Verlagsgeschäfte. Er starb als einer der angesehensten Porträtisten seiner Zeit. Ebenfalls sehr geschätzt wurde die Tochter Maria Sibylla Merian (1647–1717), Kupferstecherin, Malerin und Naturforscherin, und die Halbschwester von Matthäus Merian d.J., die zwischen 1699 und 1701 in Surinam weilte und die dortige Flora und Fauna studierte und aufzeichnete.

Auf wirtschaftlicher und politischer Ebene sehr erfolgreich war Johann Jakob Merian (1648–1724). 1680 wurde er Mitglied im Grossen Rat, und 1687 stieg er zum Zunftmeister der Zunft zu Schmieden auf. Ab 1691 war er Mitglied im Kleinen Rat und ab 1693 Dreizehnerherr. Nachdem er zwischen 1705 und 1717 Oberstzunftmeister war, erlangte er 1717 die Würde des Bürgermeisters und verschaffte sich v.a. als Diplomat hohes Ansehen. Auf wirtschaftlicher Ebene wurde er neben seiner Handelstätigkeit v.a. als Erbauer des Eisenwerks Hausen und als Mitbegründer desjenigen von Albdruck in der Grafschaft Hauenstein bekannt.

Ebenfalls wirtschaftlich sehr erfolgreich waren die Gebrüder Johann Jakob (1768–1841) und Christoph Merian (1769–1849), die zu den reichsten und erfolgreichsten Kaufleuten der damaligen Schweiz gehörten. Sie gründeten 1788 das Handelshaus «Frères Merian», das sich mit Risiko- und Spekulationshandel sowie mit Schmuggelgeschäften beschäftigte. Dabei kamen sie mehrmals mit der napoleonischen Administration in Konflikt, da sie u.a. mit englischer Ware handelten und so die Bestimmungen der Kontinentalsperre unterliefen. 1831 lösten die Brüder die Firma auf und widmeten sich fortan der Anlage ihrer Kapitalien in Kommanditen sowie in kommerziellen und privaten Darlehen im In- und Ausland. Christoph Merians gleichnamiger Sohn (1800–1558) war der Begründer der bekannten Christoph Merian Stiftung. Nach einer Handelslehre wandte sich dieser der Landwirtschaft zu. Zur Hochzeit erhielt er von seinem Vater den Brüglingerhof geschenkt. Hier liess er einen nach den modernsten Erkenntnissen geführten landwirtschaftlichen Musterbetrieb einrichten. Durch Erbschaft und Ankauf erlangte er den seinerzeit grössten privaten Grundbesitz in der Schweiz. Die Stiftung trat mit Merians Tod in Kraft. Er hatte die Stadt Basel als Universalerbin eingesetzt und bestimmt, dass das Kapital unantastbar sei und die jährlichen Zinsen und der Ertrag der Güter für wohltätige und nützliche Zwecke verwendet werden sollten. Die Christoph Merian Stiftung folgt heute nach wie vor den Intentionen dieses Vermächtnisses.

Nach einem Familienmitglied, dem Geologen Peter Merian (1795–1883), wurde sogar eine Strasse benannt, die Peter Merian-Strasse. Er war ausserordentlicher Professor für Geologie und dreimal Rektor an der Universität Basel, ferner Mitbegründer der Freiwilligen Akademischen Gesellschaft sowie ein grosser Förderer des Naturhistorischen Museums und der Universitätsbibliothek.

Nicht zu vergessen ist auch der Architekt Amadeus Merian (1808–1859), dem wir u.a. das Café Spitz, das Hotel Drei Könige oder die Alte Kanzlei in Riehen verdanken.

Das Familienwappen zeigt in Gold mit schwarzem Schildrand auf grünem Dreiberg ein schwarzes Hauszeichen.

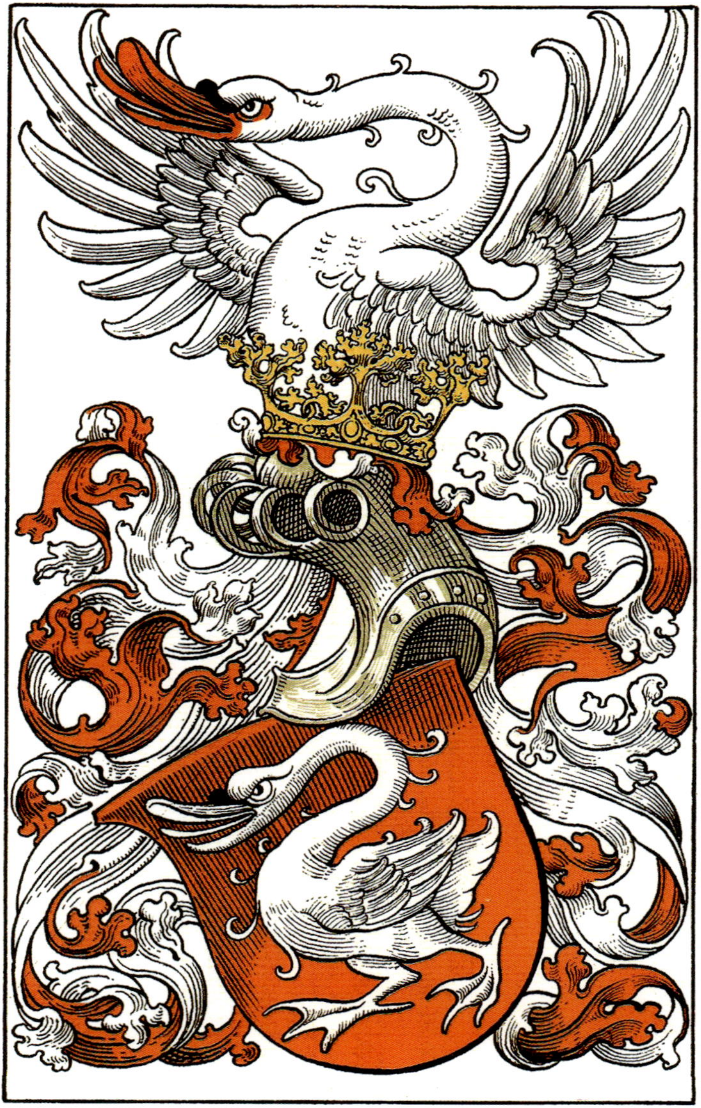

Paravicini

Basler Familie, die aus einem Patriziergeschlecht des Bistums Como hervorgegangen ist. Der ursprüngliche Stammsitz ist Parravicino, wo heute noch die Reste der einst von den Paravicini bewohnten Burg zu sehen sind.
Der Begründer des Basler Zweiges, Vincentio Paravicini (1648–1726), dessen Eltern als Glaubensflüchtlinge in die Schweiz gekommen waren, begann 1662 eine kaufmännische Lehre beim reichen Basler Gewürzkrämer Onophrion Merian-Beck, die er aber nicht beendete. Darauf studierte er Theologie und wurde 1683 Konrektor des Gymnasiums auf Burg. 1695 wurde er ins Basler Bürgerrecht aufgenommen. Während Vincentio die Schreibweise seiner Vorfahren übernommen hatte, nannten sich seine Nachkommen später teilweise auch «Paravicin» oder «Pravezi».
Neben der Theologie und dem Handel widmeten sich die Paravicini v.a. dem Geschäft mit dem Eisen. So gründeten die Brüder Samuel (1737–1798) und Leonhard Paravicini (1727–1816) 1773 die «Paravicinische Eisenhandlung», die während über hundert Jahren Bestand hatte. Neben dem Eisenhandel widmete sich Samuel Paravicini auch der Politik und wurde 1769 Mitglied im Grossen Rat und 1771 im Kleinen Rat.
Weitere berühmte Familienmitglieder sind u.a. der Agrarwissenschaftler und Ethnologe Eugen Paravicini (1889–1945), der ab 1931 Konservator am Museum für Völkerkunde war, die Politikerin und Frauenrechtlerin Mary Paravicini (1912–2002) oder die Pädagogin Mathilde Paravicini (1875–1954), die sich während der beiden Weltkriege v.a. den Kriegsopfern widmete.
Das Familienwappen zeigt in Rot einen weissen Schwan.

58

Passavant

Aus dem Département Haute Saône eingewanderte Basler Familie, die sich bis 1050 zurückverfolgen lässt und aus dem Geschlecht der «de la Haye-Passavant, Seigneurs de Passavant» hervorgegangen ist.
1596 erhielt der Passement- und Barchentweber Nicolaus Passavant (1559–1633) aus Luxeuil das Basler Bürgerrecht. In der Steinenvorstadt verfügte er 1599 über die grösste Basler Passementerwerkstatt seiner Zeit. Er und seine Söhne Claudius (1593–1653) und Reinhart (gest. 1676) waren hervorragende Kaufleute und grosse Förderer der Seidenindustrie. Der Sohn von Claudius, Hans Ulrich (1652–1709), stand zuerst in holländischem Kriegsdienst, kehrte dann aber nach Basel zurück, wo er die Seidenfabrikation betrieb und 1700 zum Schultheissen von Kleinbasel und 1701 zum Ratsherrn gewählt wurde. Seiner ersten Ehe mit Anna Catharina Burckhardt entstammt der gleichnamige Hans Ulrich (1685–1750), der Obermeister der Gesellschaft Zum Greifen, Ratsherr zu Weinleuten und schliesslich Dreizehnerherr wurde. Später waren viele der Passavants Bankiers; u.a. gründete Jean-François Passavant-Martin (1751–1834) das Bankhaus Passavant & Cie., das bis ins 20. Jh. Bestand hatte.
Eine weitere bekannte Persönlichkeit der Familie ist der Arzt und Forschungsreisende Karl Passavant (1855–1887), der Reisen nach Afrika, in den Kaukasus und nach Honolulu unternahm und zahlreiche Reiseberichte verfasste.
Das Familienwappen ist in Gold und Rot gespalten. Auf grünem Dreiberg trägt ein wachsender Krieger in gewechselten Farben einen Speer.

60

Preiswerk

Basler Familie, deren Familienmitglieder früher auch unter «Prysswerck», «Bryswerck», «Preisswerck» «Brysswerker» oder «Preiswerck» auftraten und die vermutlich aus Holland nach Colmar und von dort nach Basel gekommen ist. Der älteste bekannte Träger des Namens ist Konrad Preiswerk, der 1433 als Bürger in Colmar verzeichnet ist.

1540 erhielt der Tischmacher Mathias Preiswerk (gest. 1591) aus Colmar das Basler Bürgerrecht. Sein Sohn, der Johanniterschaffner Johannes (1546–1586), gelangte 1601 in den Grossen Rat. Dessen Sohn Johannes II. (1583–1633) zog nach Bremen und war dort ein hervorragender Rechtsgelehrter und erster Syndicus der Stadt Bremen. Der Sohn von Johannes II., Justus (1622–1661), war fürstlich-hessischer Rat und Regierungsrat zu Giessen und Marburg und brachte es ebenfalls zu Ansehen und Wohlstand.

Bekannte Persönlichkeiten der Familie sind u.a. der Handelspionier Eduard Preiswerk (1829–1895), der Mitbegründer des Basler Börsenvereins und der Handelskammer beider Basel war, oder sein Sohn Wilhelm Preiswerk (1858–1938), der ebenfalls der Handelskammer angehörte und die Industrie- und Handelsbörse gründete. Eine andere nennenswerte Persönlichkeit ist der Maler Theophil Preiswerk (1846–1919), der wichtige Impulse für sein künstlerisches Schaffen durch Wilhelm Leibl, Hans Thoma und Arnold Böcklin erhielt.

Das Familienwappen zeigt in Silber auf grünem Dreiberg einen wachsenden grüngekleideten Knaben, der in jeder Hand einen Lorbeerzweig mit roten Früchten trägt.

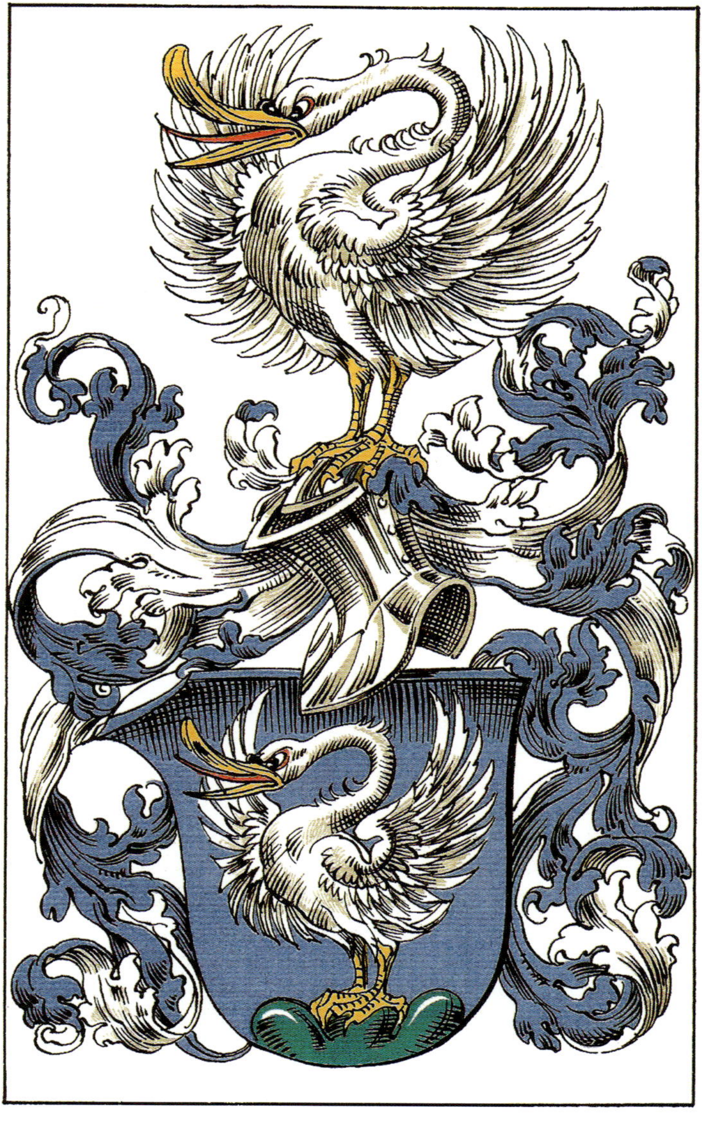

Riggenbach

Basler Geschlecht, dass sich bis auf den Schreiner Friedli Rickenbacher aus Rünenberg im Kanton Baselland zurückführen lässt, der 1677 in den Quellen auftaucht. Der Familienname deutet auf das Dorf Rickenbach im Oberbaselbiet als ursprüngliche Heimat der Familie hin.
Friedli Rickenbachers ältester Sohn, der Harschierer Hans Jakob (1678–1730), liess sich in Basel nieder. Dessen Enkel, der Handelsmann Jakob Christoph (1758–1822), wurde 1782 ins Basler Bürgerrecht aufgenommen. Er nahm Anna Katharina Munzinger (1760–1835), die Tochter des Landvogtes zu Münchenstein, zur Frau und hatte mit ihr zwei Kinder, nämlich Anton (1780–1841) und Niklaus (1784–1829). Diese betrieben in Gebweiler im Elsass eine grosse Rübenzuckerraffinerie, die durch die Kontinentalsperre zugrunde gerichtet wurde. Antons Sohn Christoph (1810–1863) wurde Architekt. Er realisierte u.a. den Umbau des Markgräfischen Hofs zum Bürgerspital und setzte sich für die Erhaltung der Barfüsserkirche ein, die zu seiner Zeit noch als Salzlager diente. Der Sohn von Niklaus, der gleichnamige Niklaus (1817–1899), wurde 1853 Leiter der Maschinenwerkstätte der Schweizerischen Centralbahn. Er gilt als der Erfinder der Zahnradbahn. Nachdem er diese 1863 patentiert hatte, baute er auf der ganzen Welt Zahnradbahnen.
Erwähnenswert ist auch der Basler Denkmalpfleger Rudolf Riggenbach (1882–1961), der, wenn er nicht weiterwusste, stets im Satz unterbrach und erklärte: „Do gits esone Ding … e Ding …". Deshalb wurde er von allen Dinge-Dinge genannt.
Das Familienwappen zeigt in Blau auf grünem Dreiberg einen weissen Schwan.

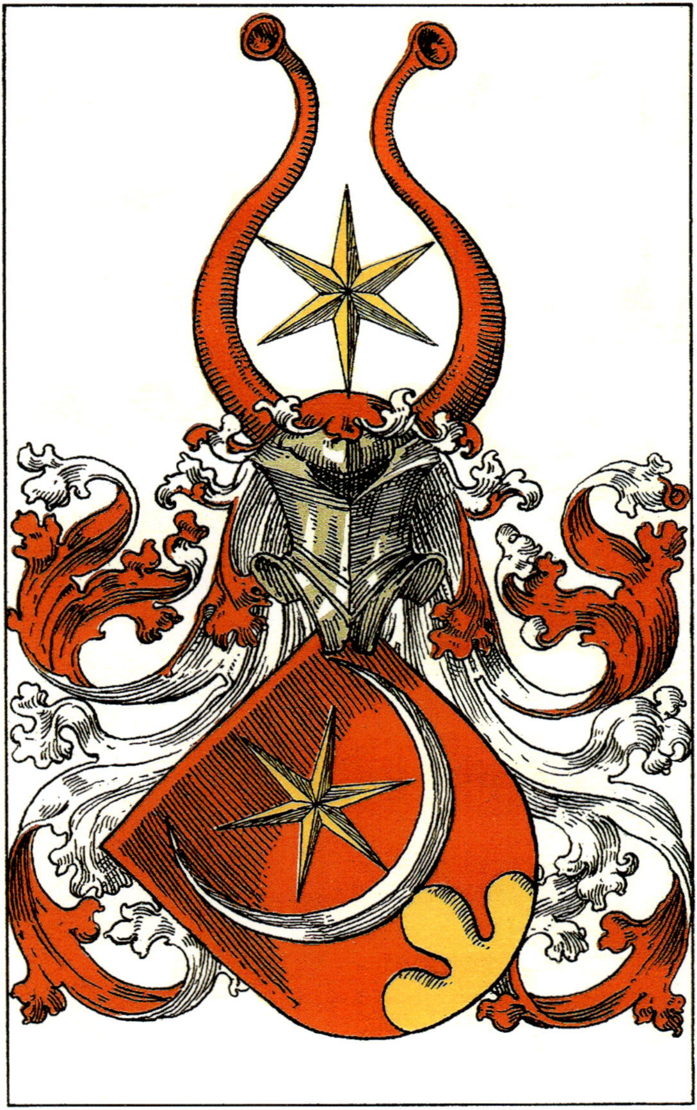

Ryhiner

Basler Familie, deren Wurzeln im Aargau liegen. Heinrich Ryhiner (gest. 1553) wurde 1518 in Anerkennung seiner Verdienste um die Stadt Basel das Bürgerrecht umsonst verliehen. Er stammte aus Brugg, hat 1508 an der Basler Universität studiert und wurde dann bischöflicher Prokurator der letzten Gräfin von Thierstein. 1522 wurde er zum Ratsschreiber und zehn Jahre später zum Stadtschreiber sowie zum Deputaten der Kirchen und Schulen ernannt. Er war der Verfasser verschiedener Ratsbücher und Verordnungen sowie einer Chronik über den Bauernkrieg 1525. Im Jahr 1535 erhielt er einen kaiserlichen Wappenbrief von Ferdinand I.

Bekannte Persönlichkeiten der Familie sind u.a. der Kaufmann Samuel Ryhiner (1696–1757) und sein Bruder Emanuel (1704–1790), die als Begründer der Basler Indienne-Industrie gelten, oder der Ingenieur und Artilleriehauptmann Samuel Ryhiner (1751–1787), der den so genannten «Ryhinerplan» schuf. Dies ist ein Stadtplan, der 1784 im Zusammenhang mit militärischen Baumassnahmen an den Stadtmauern im Massstab 1:5000 erstellt worden ist und alle Grundstücke und Gebäude der Stadt innerhalb der Gräben zeigt.

Ausgesprochen wird der Familienname oft als «Richner». Für diese Aussprache gibt es keine eindeutige Erklärung. Offenbar geht sie zurück auf eine frühere Form des Namens, denn in älteren Quellen variiert die Schreibweise zwischen «Richiner», «Richener», «Richner», «Reichner», «Rychiner» oder «Ryhiner».

Das Familienwappen zeigt in Rot auf goldenem Dreiberg einen silbernen, nach oben gekehrten Halbmond, überhöht von einem goldenen Stern.

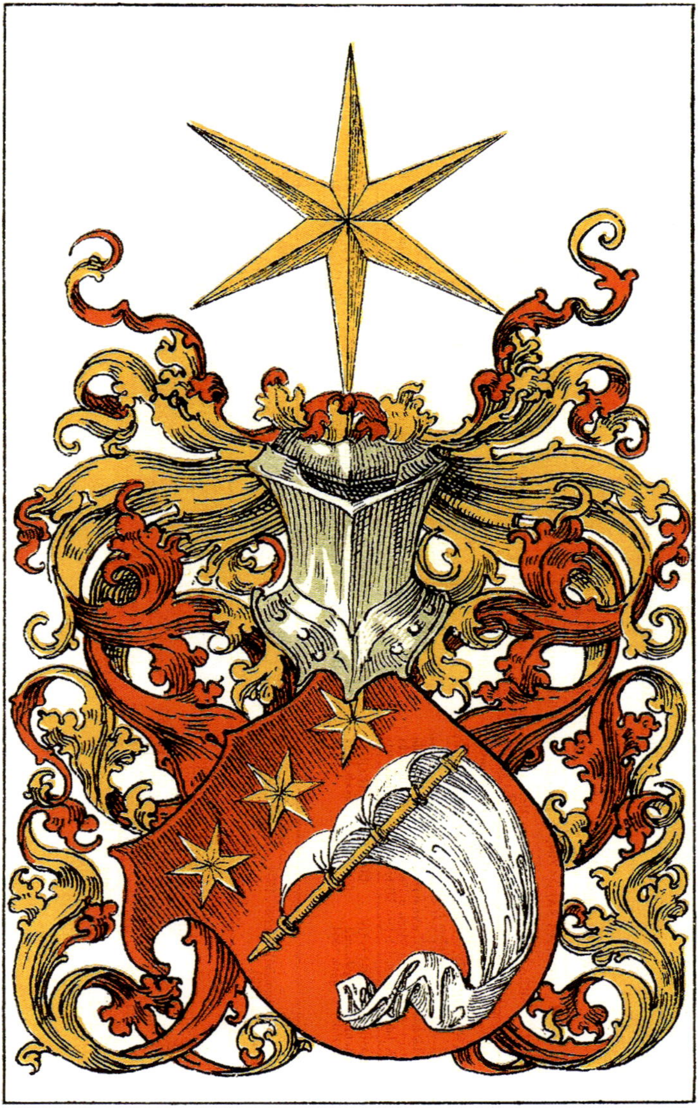

Sarasin

Aus Lothringen stammende Refugiantenfamilie, die im 17. Jh. in Basel eingebürgert worden ist. Der älteste Bericht über die Familiengeschichte ist das so genannte «Journal Sarazin», das 1561, also schon vor der Einwanderung der Familie in Basel, von Regnault Sarasin-Cachédénier (1533–1575), Tuchhändler und Mitglied des Rats zu Pont-à-Mousson, begonnen und von seinen Nachkommen bis 1691 weitergeführt worden ist. Leider weiss das Buch nur wenig von äusseren Begebenheiten, sondern beschränkt sich meist auf Geburts- und Todesdaten. Der Sohn von Regnault, der Seiden-, Tuch- und Leinwandhändler Gédéon (1572–1636), wurde 1628 zusammen mit seinem Sohn Reinhold (1602–1634) in das Bürgerrecht der Stadt Basel aufgenommen. Im gleichen Jahr erwarb der Vater die Liegenschaft «Kardinalshut», ein Teil der heutigen Liegenschaft «Zum roten Hut» in der Freien Strasse, und richtete da ein Handelsgeschäft ein. Nachdem Reinhold und sein Bruder Hans Franz (1604–1634) 1634 auf der Heimreise von der Strassburger Messe heimtückisch ermordet worden waren, führte ihr Bruder Peter (1608–1662) das väterliche Handelsgeschäft weiter. Der Sohn von Peter, Peter II. (1640–1719), stellte das Handelshaus auf den Leinwandhandel um, bei dem seine Nachkommen bis zur Auflösung des Geschäfts 1830 blieben. Der Bruder von Peter II., Hans Franz (1649–1719), leitete die v.a. der Seidenbandfabrikation zugewandte Linie des Geschlechts ein. Er gründete 1696 die Sarasinsche Bandfabrik und wurde 1705 Direktor der Kaufmannschaft. Seine Enkel Lucas (1730–1802) und Jacob (1742–1802) waren ebenfalls Seidenbandfabrikanten. Sie hinterliessen uns zwei prächtige Stadtpalais am Rheinsprung, das «Blaue Haus» und das «Weisse Haus».

Politisch spielte die Familie seit der dritten Generation eine Rolle. So war sie ab 1670 im Grossen Rat und ab 1794 im Kleinen Rat vertreten. Zur höchsten Würde des Bürgermeisteramts gelangte die Familie erst im 19. Jh.
Der Familienname verleitet zur Annahme eines Zusammenhangs mit den Sarazenen, doch ist darüber nichts Genaueres festzustellen. Er kann sowohl Herkunft und Abstammung von sarazenischen Vorfahren bedeuten als auch ein Beiname für Leute gewesen sein, die Reisen und Kriegszüge in den Orient unternommen hatten. Ebenso könnte es sich um einen Übernamen handeln.
Zu den bekannten Persönlichkeiten der Familie gehören auch die Textilfabrikanten und Politiker Karl Sarasin (1815–1886) und sein Bruder Rudolf Sarasin (1831–1905). Karl leitete die Firma Sarasin & Cie., die auf die Fabrikation von Satin und Façonnés spezialisiert war. Nachdem er 1845 in den Grossen Rat und 1856 in den Kleinen Rat gewählt worden war, wurde er 1858 Leiter des Baukollegiums und in dieser Funktion Hauptinitiant und Koordinator des städtebaulichen Wandels der Stadt Basel von der ummauerten Klein- zur modernen Grossstadt. Sein Bruder Rudolf war Teilhaber der Firma Sarasin & Cie. und wurde 1867 ebenfalls in den Grossen Rat gewählt. Als Politiker gab er den Anstoss zur Einrichtung einer obligatorischen Krankenversicherung für die Arbeiterschaft und förderte die staatliche Siedlungspolitik. Er trat für die so genannte «Freilandbewegung» ein, die sich für niedrige Mietzinsen für die arbeitende Bevölkerung einsetzte.
Auf wirtschaftlicher Ebene sehr erfolgreich war der Bankkaufmann Alfred Sarasin (1865–1953), Namensgeber der noch heute existierenden Privatbank Sarasin & Cie AG. Die Bank geht zurück auf die 1841 von Johannes Riggenbach-

Huber gegründete «Handlung J. Riggenbach». Neben dem eigentlichen Bankgeschäft widmete sich die neugegründete Firma auch dem Handel und der Spedition. 1893 erscheint mit Alfred Sarasin zum ersten Mal der Name Sarasin im Zusammenhang mit der Bank, die aufgrund dessen auch in eine Kollektivgesellschaft mit dem Namen Riggenbach & Cie. umbenannt werden musste. Ab 1900 hiess die Bank A. Sarasin & Cie.

Zwei weitere bekannte Persönlichkeiten der Familie sind der Naturforscher Paul Benedikt Sarasin (1856–1929) und der Naturwissenschaftler und Ethnologe Fritz Sarasin (1859–1942). Der Erstere war Mitbegründer des Schweizerischen Nationalparks und leitete ab 1914 die Eidgenössische Nationalparkkommission. Zusammen mit seinem Vetter Fritz Sarasin bereiste er zwischen 1883 und 1896 Ceylon und Celebes und gab danach seine Reiseerfahrungen in mehreren Werken heraus. Fritz Sarasin hatte an der Universität Basel und in Berlin Zoologie studiert und absolvierte zwischen 1883 und 1931 zahlreiche Forschungsreisen. Er gehörte zu jenem Forscherschlag, der sich ebenso der Geografie als auch der Geologie, der Botanik wie der Zoologie, der Urgeschichte wie der Anthropologie und der Ethnologie widmete. Neben seiner wissenschaftlichen Tätigkeit befasste er sich auch mit dem Aufbau des Museums für Völkerkunde.

Das Familienwappen zeigt in Rot ein gebauschtes, weisses Segel, überhöht von drei goldenen Sternen.

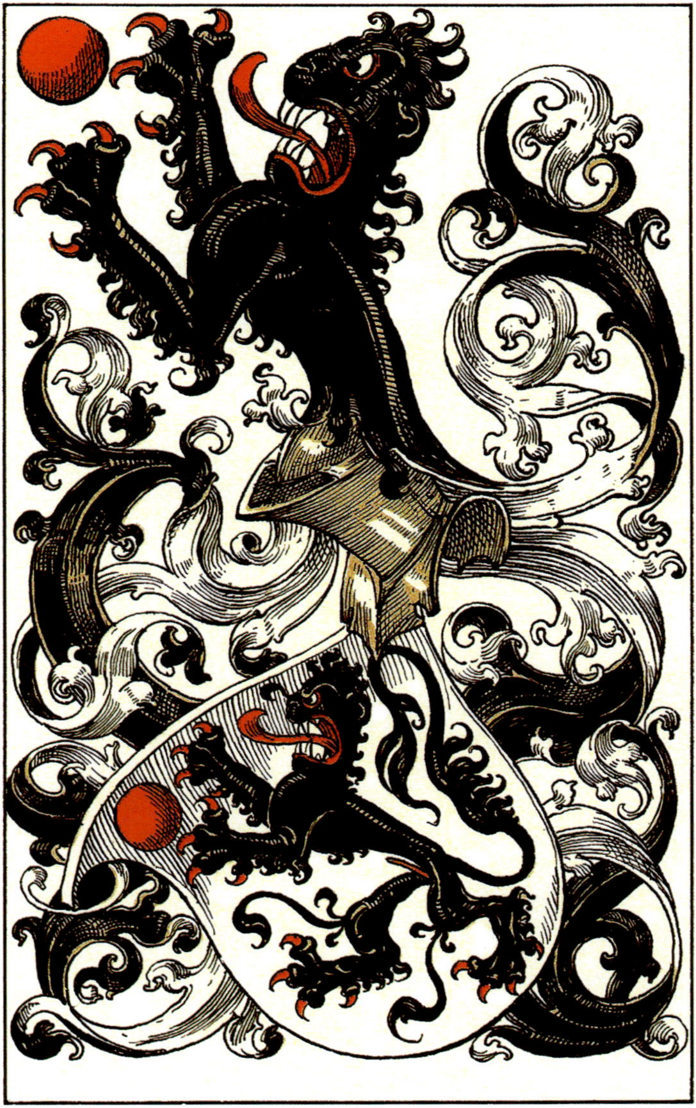

Socin

Basler Refugiantenfamilie, die sich auf die schon zu Beginn des 14. Jh. vorkommende Sieneser Patrizierfamilie Sozzini, auch «di Percenna» zurückführen lässt. 1560 erwarb der Religionsflüchtling und Gutfertiger (Spediteur) Giovanni Antonio Sozzini (geb. 1515) das Basler Bürgerrecht. Sein Bruder Benedetto (1536–1602), Gastwirt zum Storchen und ebenfalls Gutfertiger, wurde 1565 ins Bürgerrecht aufgenommen. Benedettos Sohn, der Notar und Storchenwirt Joseph Socin (1571–1643), wurde 1606 Mitglied im Kleinen Rat und 1636 Oberstzunftmeister. Dessen Sohn, der Gutfertiger und Bankier Benedict (1594–1664), wurde 1660 ebenfalls Oberstzunftmeister, genauso wie dessen Enkel Emanuel (1628–1717) 1669, der überdies 1683 noch Bürgermeister wurde und während des Dreissigjährigen Krieges Leutnant in schwedischen Diensten war.

Ein weiterer bekannter Vertreter der Familie ist der Kaufmann und Ratsherr Bernhard Socin (1777–1854), der im 19. Jh. zu den bedeutendsten Basler Wirtschafts- und Finanzpolitikern gehörte und massgeblich an der Verbesserung des Basler Postverkehrs beteiligt war. Nach einem anderen Familienmitglied ist die Socinstrasse benannt. Der Arzt August Socin (1837–1899) war Direktor der chirurgischen Abteilung des Bürgerspitals und befasste sich v.a. mit Kriegschirurgie.

Das Familienwappen zeigt in Silber einen schwarzen, aufrecht stehenden Löwen, der mit einer roten Kugel spielt. Nach der Familienüberlieferung ist die Kugel den Sozzini von den Medici als besondere Auszeichnung in das Wappen gegeben worden.

72

Staehelin

In Basel sind verschiedene Familien mit diesem oder einem ähnlich geschriebenen Namen nachweisbar. Dieser Geschlechtername ist im alemannischen Sprachgebiet weit verbreitet und tritt in der Region Basel schon ab dem 13. Jh. auf. «Staehelin» oder «Stehelin» ist das mittelhochdeutsche Adjektiv zum Substantiv Stahel (=Stahl), heisst also stählern. Im übertragenen Sinn kann der Begriff jedoch auch hart, unbeugsam oder widerstandsfähig heissen. Ursprünglich wurde mit diesem Namen wohl eine Person bezeichnet, die über besondere Körperkräfte verfügte oder einen «stählernen» Beruf wie etwa Schmied ausübte. Etymologisch nicht verwandt mit dem Familiennamen ist der Begriff «Stachel». Daran ändert auch die Tatsache nichts, das der Name im Baseldeutschen oft «Stächeli» ausgesprochen wird. Diese Aussprache geht vielmehr darauf zurück, dass in Basel ein «h» zwischen zwei Vokalen oft als «ch» ausgesprochen wird, wie zum Beispiel im Fall von Riehen, das in der Umgangssprache auch «Rieche» genannt wird.

Früher wurden die Formen «Staehelin» oder «Stehelin» gleichwertig nebeneinander verwendet. Erst etwa um 1850 festigte sich in den einzelnen Zweigen des Geschlechts der konsequente Gebrauch der einen oder anderen Schreibart. Die Form «Stehelin» wurde von denjenigen Zweigen der Familie bevorzugt, die vorübergehend oder dauernd in einem französischen Sprachgebiet wohnten. In Basel schrieben sich die Familienmitglieder bis zum Beginn des 19. Jh. meist «Stähelin». Danach trat allmählich die von der amtlichen Schreibweise abweichende Form «Staehelin» auf, wahrscheinlich deshalb, weil der Umlaut «ä» ausserhalb des deutschen Sprachgebietes nicht vorkommt.

Stammvater der hier vorgestellten Familie ist der Seiler Hans Stehelin (gest. 1555). Der bekannte Humanist Thomas Platter erwähnt ihn in seiner Selbstbiografie, da er sein Lehrmeister war. Im Protokoll der Zunft zu Gartnern, deren Mitglied Hans Stehelin 1519 wurde, taucht als Herkunftsort Riedtlingen auf. Ob damit die Reichsstadt Reutlingen, das Städtchen Riedlingen an der Donau oder das Dorf Riedlingen zwischen Kandern und Tannenkirch in der badischen Nachbarschaft gemeint ist, wissen wir nicht. 1520 erlangte Hans Stehelin das Basler Bürgerrecht und 1542 wurde er Sechser und gelangte so in den Grossen Rat. Er hatte drei Kinder, den Buchdrucker Bartholomaeus (gest. 1564), den Seiler Johannes (1533–1564) und den Seiler Martin (geb. 1540). Bartholomaeus ging als Setzergeselle bei Thomas Platter in die Lehre und war danach als selbständiger Verleger und Buchdrucker tätig. Später amtete er auch als Schaffner des so genannten «Grossen Almosens» (Hilfsorganisation für arme Menschen) und gelangte in den Grossen Rat. Die Nachkommen von Bartholomaeus und Johannes – Martin blieb kinderlos – waren u.a. als Eisenkrämer, Würzkrämer, Sattler, Wirt, Münzmeister, Wollweber, Goldschmied oder Weinmann tätig. Viele Familienmitglieder haben sich dem Handel mit Eisen oder Spezereien und Kolonialwaren gewidmet. Daneben gab es auch viele Staehelin, die sich den Wissenschaften zuwandten; so finden wir Theologen, Mediziner, Juristen oder Historiker. Einige Familienmitglieder gelangten zu wichtigen Ämtern in der Stadtrepublik; so wurde der Goldschmied Martin (1631–1697) Oberstzunftmeister.

Bekannte Persönlichkeiten der Familie sind auch der Botaniker Johann Heinrich Staehelin (1668–1721), zu dessen Ehren Carl von Linné einer Pflanze den Namen «Staehelina» gab, und sein Sohn Benedikt (1695–1750), der im Neubad eine eisenhaltige Mineralquelle entdeckte und dort ein Heilbad einrichtete.

Eine Persönlichkeit aus neuerer Zeit ist der Kirchenhistoriker Ernst Staehelin (1889–1980), der dreimal Rektor an der Universität Basel war und sich mit Johannes Oekolampad und Johann Kaspar Lavater beschäftigt hat.

Ein Zweig der Familie wanderte nach Kanada aus, wo unter der Leitung von Emile Stehelin (1837–1918) in Nouvelle France eine grosse Sägerei aufblühte, die Holzhandel mit Europa und Südamerika betrieb.

Das Familienwappen geht auf Bartholomaeus (gest. 1564) zurück. Wohl in der Annahme, dass der Geschlechtername vom Begriff «Stachel» abzuleiten sei, hat er 1560 ein Familienwappen geschaffen, das einen Arm in faltigem Ärmel zeigt, einen stachligen Morgenstern haltend. Neben dem Morgenstern haben sich aber auch Darstellungen mit einem Streitkolben herausgebildet, der meistens aus Stahl hergestellt wurde. Damit war die richtige Verbindung des Familiennamens mit dem Wort «Stahl» wieder hergestellt. Das abgebildete Familienwappen zeigt in Blau einen Arm, der einen Morgenstern hält.

76

Stückelberger

Basler Geschlecht, dessen Familienmitglieder sich auch «Stickelberg», «Stickelberger» oder «Stückelberg» nannten und deren Wurzeln sich bis ins 14. Jh. zurückverfolgen lassen. Der Familienname deutet wahrscheinlich auf den ursprünglichen Herkunftsort Stickelberg in Niederösterreich hin. In den Basler Quellen erscheint der Name «Stickelberger» zum ersten Mal mit Ita, der Witwe von Johannes Stickelberger, die 1387/88 ihre Güter zu Märkt bei Haltingen im Breisgau dem Augustinerkloster vergabte. Rund zweihundert Jahre später, 1603, wurde das Basler Bürgerrecht von Georg Stickelberger (ab 1599 nachgewiesen), und 1607 von Johann Stickelberger (zwischen 1603 und 1642 nachgewiesen) erneuert. Der Enkel von Johann, Johann II. (1637–1699), gelangte 1683 in den Grossen Rat und 1690 in den Kleinen Rat.
Die Stückelberger waren u.a. als Gelehrte, Geistliche, Künstler, Industrielle oder Offiziere tätig. Bekannte Persönlichkeiten der Familie sind der Kunsthistoriker Ernst Alfred Stückelberg (1867–1926), der u.a. «Denkmäler zur Basler Geschichte» (1907) veröffentlichte, und sein Sohn, der Maler Ernst Stückelberg (1831–1903), der mit der Ausmalung der Tellskapelle am Urnersee einem breiteren Publikum bekannt wurde.
Ein weiteres bekanntes Familienmitglied ist der Industrielle und Schriftsteller Emanuel Stickelberger (1884–1962). Er schrieb Romane und Erzählungen, die in der Tradition von Gottfried Keller, Jeremias Gotthelf und Conrad Ferdinand Meyer standen. 1929 erhielt er die Ehrendoktorwürde der Universität Basel und 1957 den Hebel-Preis.
Das Familienwappen zeigt in Blau auf grünem Dreiberg eine goldene Kanone.

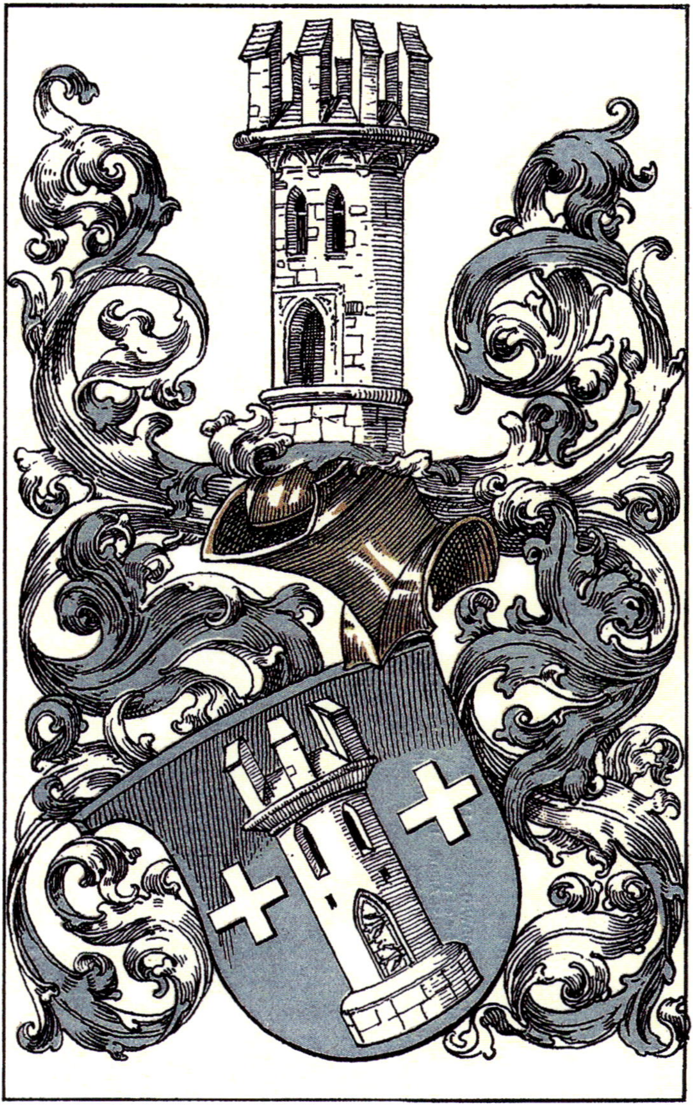

Thurneysen

Basler Familie, die sich auch «Thurnisen», «Thurneysser», «Thurneisser» oder «Thurneisen» nannte und deren Wurzeln sich bis ins 15. Jh. zurückverfolgen lassen. Der Hufschmied Ulrich Thurnisen (1448–1487) erwarb 1461 das Basler Bürgerrecht umsonst, da er an einem Feldzug der Stadt gegen das Schloss Ortenberg teilgenommen hatte. Ulrich führte das zunächst nur als Übername gebrauchte «Thurneysen» später auch als Geschlechtsname. Sein Vater trug noch den Geschlechtsnamen Frygermut. Ulrichs Sohn, der Hufschmied Kaspar (1509–1542), war das erste Familienmitglied, dass 1522 im Kleinen Rat und somit in der Regierung vertreten war.
Das Geschlecht brachte verschiedene Künstler, Gelehrte, Geistliche und Offiziere und ab dem 18. Jh. Seidenbandfabrikanten, Buchhändler, Buchdrucker und Papierfabrikanten hervor. Berühmt wurde der Universalgelehrte Leonhard Thurneysser (1530–1596), der eine Lehre als Goldschmied absolviert hatte und danach als Metallurg, Bergwerkunternehmer, Arzt, Apotheker, Astrologe, Alchemist, Drucker und Bankier arbeitete.
Ebenfalls bekannte Persönlichkeiten der Familie sind der Sprachwissenschaftler Rudolf Thurneysen (1857–1940), der Professor für indogermanische Sprachwissenschaften in Bonn war, oder der Theologe Eduard Thurneysen (1888–1974), der zu den Begründern der dialektischen Theologie gehörte und mit Karl Barth eine enge Freundschaft pflegte.
Das Familienwappen zeigt in Blau einen silbernen Turm, beseitet von zwei silbernen Kreuzen.

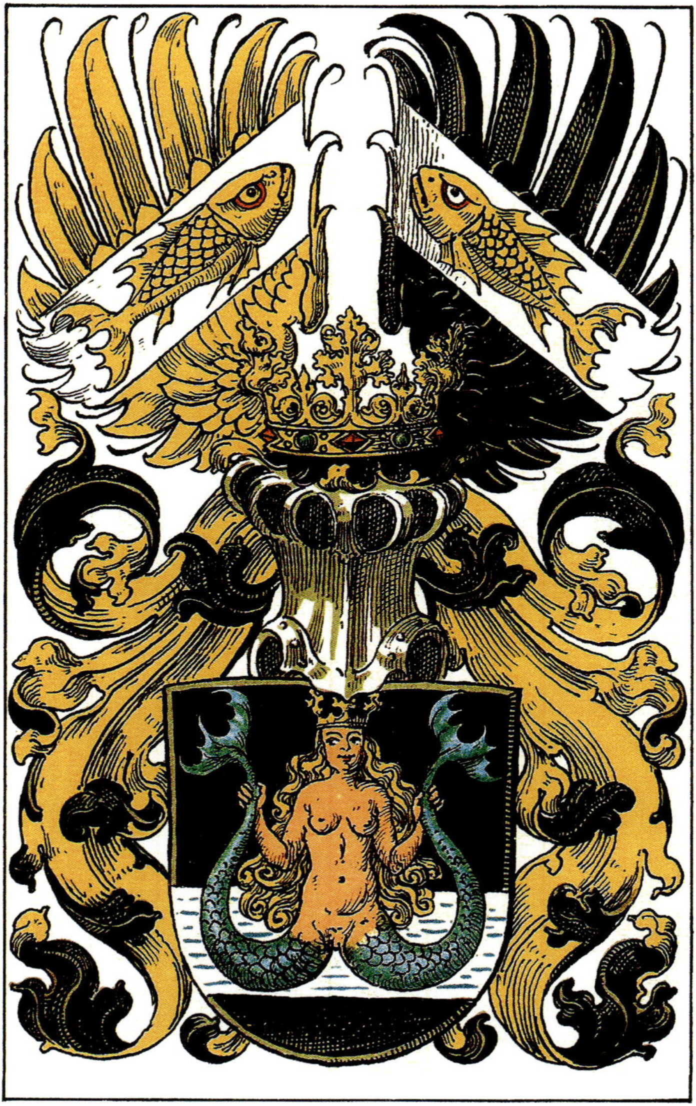

Vischer

Basler Geschlecht, dessen ursprüngliche Heimat Lechhausen bei Augsburg ist. Dort lebte um 1500 laut einer Urkunde Hans Vischer mit seiner Ehefrau Ursula. Sein Sohn, der Kaufherr Leonhard (gest. 1596), kam nach Colmar und wurde 1554 Colmarer Bürger. Dessen Urenkel, Matthaeus (1623–1695), kam 1630 als Refugiant nach Basel, trat beim Spezierer Jakob Birr in die Lehre ein und erhielt 1649 das Basler Bürgerrecht.

Das Geschlecht war in verschiedenen Zünften vertreten, zuerst in der Zunft zu Safran, dann in der Zunft zu Hausgenossen, der Zunft zu Gartnern und später in der Zunft zum Schlüssel. Der Handelsmann Leonhard Vischer (1722–1778) war 1755 der erste Vertreter der Familie im Grossen Rat. Sein Sohn, der Handelsmann Johann Jakob (1750–1825), sass im Kleinen Rat und war Mitglied des kaufmännischen Direktoriums.

Bekannte Persönlichkeiten der Familie sind der Architekt Eduard Vischer (1843–1929), der u.a. das Sevogelschulhaus, das Staatsarchiv oder die Eisenbahnerhäuser am Tellplatz schuf, oder die Cembalistin und Mäzenin Marguerite Bertha Antoinette Vischer (1909–1973), die ein Klavierstudium absolvierte und deren Bedeutung in ihrer Rolle als Auftraggeberin zahlreicher Kompositionen für Cembalo liegt. Ihr Nachlass befindet sich heute in der Paul Sacher Stiftung.

Das Familienwappen zeigt seit 1593 in Schwarz eine über dem Wasser schwebende Melusine mit goldener Krone. Dieses Wappen wurde Leonhard (gest. 1596) von Philipp Paumgartner von und zu Paumgarten, Freiherr zu Hohenschwangau und Erbbach, verliehen.

82

Von der Mühll

Die Wurzeln dieser Basler Familie, die sich auch «vonder Mühll» oder «Vondermühll» schrieb, liegen in Holland. Im 16. Jh. kamen einzelne Familienmitglieder, die sich dazumal noch «van der Meulen» nannten, als Religionsflüchtlinge von Delft nach Herborn im damaligen Fürstentum Nassau-Dillenburg (Hessen). Von dort kam 1674 der Sattlermeister Hans Georg von der Mühll (1648–1727) nach Basel, wo ihm 1680 das Bürgerrecht verliehen wurde. Im gleichen Jahr kaufte er sich in die Zunft zum Himmel ein und zog als deren Sechser 1703 in den Grossen Rat ein. Sein Bruder, der Schuhmachermeister Johann Valentin (1656–1732), kam ebenfalls nach Basel und wurde 1681 ins Basler Bürgerrecht aufgenommen.

Schon die zweite Generation wandte sich vom Handwerk ab und widmete sich fortan dem Handel mit Seidenwaren und später der Fabrikation von Seidenstoffen und Seidenbändern. Durch ihre Tätigkeit als Handelsherren und ihre Ehen mit Angehörigen vornehmer Familien der Stadt gelangten einige Familienmitglieder bald zu Reichtum und Ansehen, so der Kaufmann Hans Georg von der Mühll (1725–1783), Meister der Zunft zu Hausgenossen und erster Vertreter der Familie im Kleinen Rat, oder sein Sohn Johannes (1754–1815), ebenfalls Kaufmann und Stadtpräsident während der Helvetik.

Eine bekannte Persönlichkeit aus neuerer Zeit ist Peter von der Mühll (1885–1970), einer der bedeutendsten klassischen Philologen der Schweiz.

Das Familienwappen zeigt entweder in Rot drei silberne Mühleisen oder in Gold drei schwarze Mühleisen.

84

Werenfels

Basler Familie, deren Mitglieder ursprünglich von adliger Abkunft waren und erst später auf das «von» im Namen verzichteten. Sie stammt ursprünglich aus Nürnberg. Von dort wanderte Niclaus von Werenfels (1487–1530) nach Bern aus. Zwei seiner Söhne kamen schliesslich nach Basel: Der Apotheker Niclaus von Werenfels (gest. um 1561), der 1519 in die Zunft zu Safran aufgenommen und 1535 zum Sechser gewählt worden und damit in den Grossen Rat eingezogen war, erhielt 1522 das Basler Bürgerrecht, sein Bruder, der Krämer Rudolf (gest. um 1539), wurde 1534 ins Basler Bürgerrecht aufgenommen.

Diesem Geschlecht entsprossen mehrere Apotheker, Goldschmiede, Kaufleute und einige Geistliche. Auf politischer Ebene erfolgreich waren u.a. Niclaus Werenfels II. (1566–1606), der 1593 Ratsschreiber und 1602 Obervogt zu Homburg wurde, sowie sein Sohn Hans Jakob (1596–1656), der 1637 als Schultheiss des Stadtgerichts und 1651 als Ratsmitglied amtete.

Weitere bekannte Persönlichkeiten der Familie sind u.a. der Theologe und Philosoph Samuel Werenfels I. (1657–1740), Rektor der Universität Basel, der zahlreiche philosophische und theologische Schriften verfasste, oder der Steinmetz und Architekt Samuel Werenfels II. (1720–1800), der als einer der bedeutendsten Architekten seiner Zeit gilt. Von ihm sind heute noch u.a. das Haus «Zum Delphin» in der Rittergasse, das «Blaue Haus» und das «Weisse Haus» am Rheinsprung oder das Stadthaus erhalten.

Das Familienwappen zeigt eine geschweifte, steigende silberne Spitze in Blau und Rot; jedes der drei Felder ist mit je einer goldenen Lilie belegt.

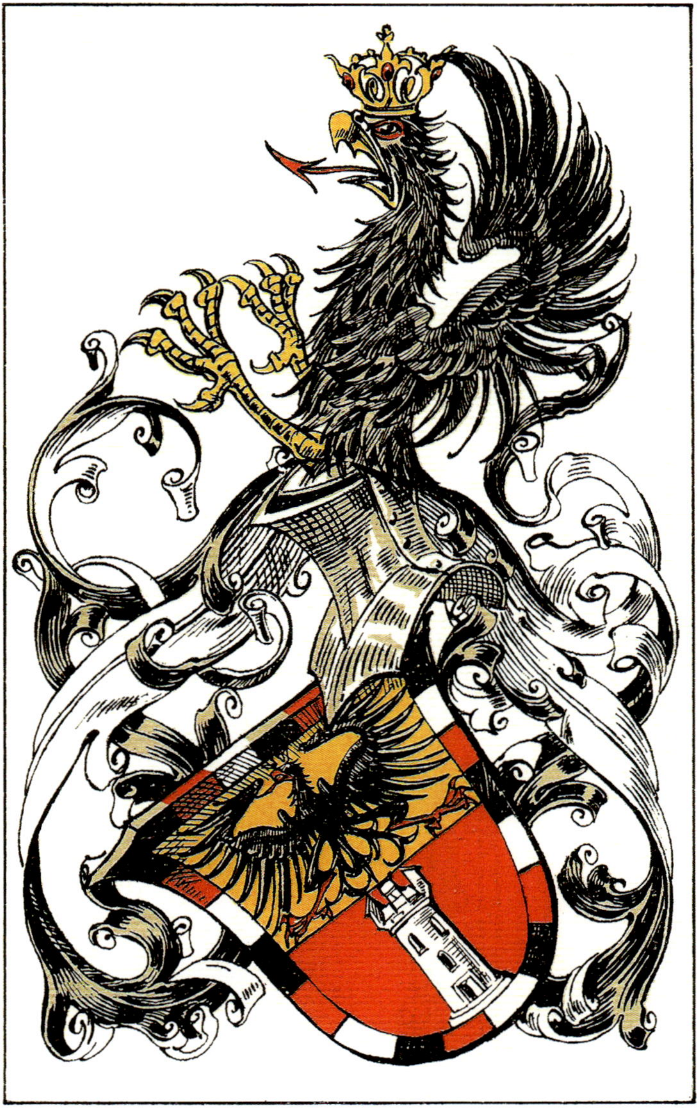

Werthemann

Aus Plurs (Veltlin) über Zürich eingewanderte Familie, die sich im 16. Jh. in Basel einbürgern liess. Das Geschlecht hiess mit seinem eigentlichen Namen «della Porta di Vertemate» (Vertemà) und hatte seit dem 13. Jh. seinen Wohnsitz in dem 1618 durch einen Bergsturz verschütteten Ort Plurs im Bergell bei Chiavenna. Vorher war die Familie in Mailand ansässig. Sie galt als eines der vornehmsten Bergeller Geschlechter und war bekannt für ihren Reichtum, den sie durch Speditionsgeschäfte erworben hatte.

1587 erhielt der Spediteur, Bankier und Grosskaufmann Achilles Wertema (1552–1608) das Basler Bürgerrecht. Sein Enkel, der Bankier und Grosskaufmann Achilles II. (1629–1687), war Schaffner des Klingentalklosters, Oberstmeister der Gesellschaft Zum Greifen, Beisitzer am Stadtgericht und Ratsmitglied. Dessen Sohn, der Strumpffabrikant Peter (1671–1758), war ebenfalls Meister der Gesellschaft Zum Greifen und am Stadtgericht tätig; überdies war er noch Rechenrat und Besitzer des Schlosses Wildenstein im Kanton Baselland.

In Riehen trägt ein Landgut heute noch den Namen eines Familienmitgliedes. Das so genannte «Werthemann-Stähelinsche Landhaus» befindet sich an der Baselstrasse 88 und trägt seinen Namen nach dem Handelsmann und Grossrat Andreas Werthemann-Stähelin (1754–1821). Seit dem 17. Jh. führt die Familie die germanisierte Namensform «Werthemann».

Das Familienwappen ist in Gold und Rot geteilt mit einem geschachten rot-schwarz-silbernen Schildrand; in Gold ein schwarzer Adler, in Rot ein silberner Turm.

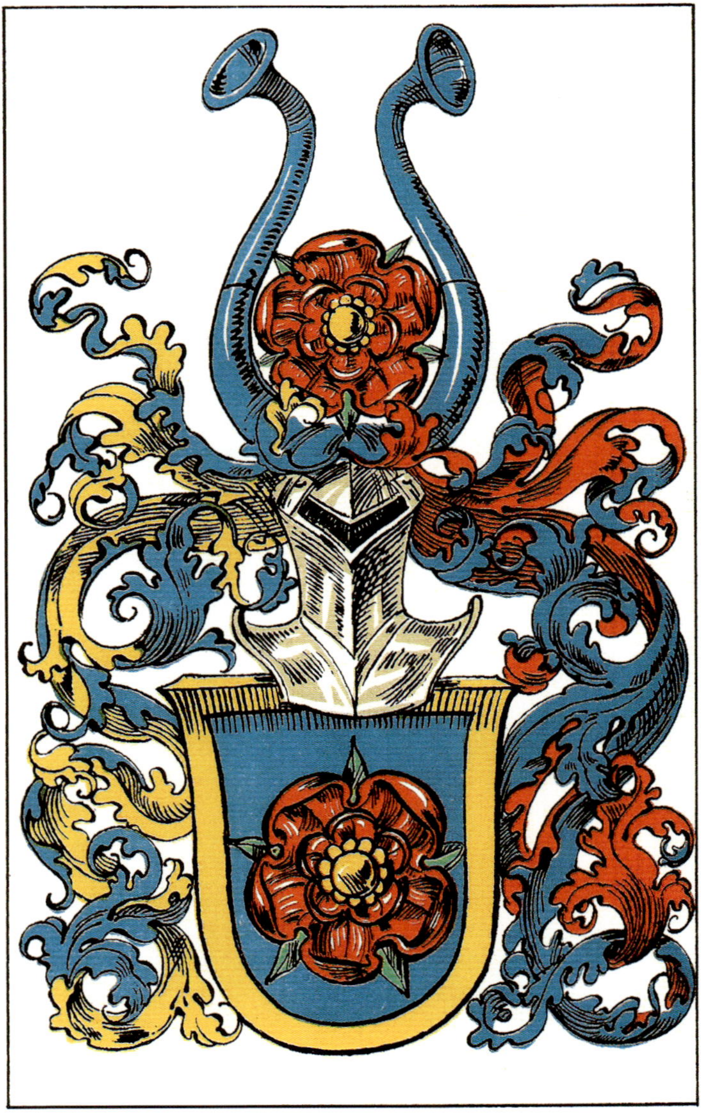

Wieland

Basler Famile, deren Wurzeln in Mühlhausen im Elsass liegen. Der Familienname Wieland, ursprünglich ein Vorname, erscheint schon in Basler Quellen des 14. Jh. In dieser Zeit taucht im Umfeld der Metzgernzunft ein Sechser mit Namen Jacob Wielant auf.

Ein Ahnherr des jetzigen Basler Geschlechts ist der Stadtschreiber Ulrich Wieland (gest. 1575), 1541 Bürger von Mühlhausen, der 1558 vom Hofpfalzgrafen Wilhelm Böcklin von Böcklinsau einen Wappenbrief mit Lehensartikel erhielt. 1587 wurde sein Enkel Hans Konrad (1563–1629), kaiserlicher Notar, in das Basler Bürgerrecht aufgenommen. Ihm wurde 1589 das Amt des Schaffners auf Burg übertragen. 1606 wurde er Sechser der Zunft zu Weinleuten, und 1611 erhielt er die Stadtschreiberstelle in Kleinbasel. Sein Sohn, der Weinmann Andreas (1600–1658), wurde ebenfalls Sechser der Weinleutenzunft. Zwischen 1660 und 1798 war die Familie ohne Unterbruch im Grossen Rat vertreten, ab der zweiten Hälfte des 17. Jh. stellten die Wieland zudem mehrere Mitglieder im Kleinen Rat. Viele Familienmitglieder widmeten sich dem öffentlichen Leben und ergriffen juristische, staatsmännische oder militärische Laufbahnen.

Eine bekannte Persönlichkeit der Familie ist u.a. der Oberst Johannes Wieland (1791–1832), nach dem der Wielandplatz benannt ist. 1807 wurde er erst sechzehnjährig Leutnant im 2. Schweizerregiment Napoleons und 1808 Hauptmann. Nach der Absetzung Napoleons kam er nach Basel zurück und wurde hier erster Polizeidirektor.

Das Familienwappen zeigt in Blau mit goldenem Schildrand eine rote Rose.

Glossar

Antistes; lat. (Tempel-)Vorsteher, war in den früheren reformatorischen Staatskirchen von Basel, Zürich und Schaffhausen der Oberpfarrer am Münster und Verbindungsmann zwischen Kirche und Staat.

Dreizehner; auch Geheimer Rat, galt ab 1533 als die eigentliche Macht in der Regierung, v.a. in der Aussenpolitik. Die Wahl erfolgte durch den Kleinen Rat; ab dem 17. Jh. galt das Prinzip der Selbstergänzung.

Grosser Rat; ab 1691 oberstes Organ der Stadt, vorher nur bei wichtigen Vorlagen durch den Kleinen Rat einberufen. Bestand aus den Sechsern, den Vorständen der Kleinbasler Ehrengesellschaften, den Schultheissen von Gross- und Kleinbasel, den Urteilssprechern der Stadtgerichte sowie den Kleinräten.

Kleiner Rat; bis 1691 oberstes, unumschränktes Organ der Stadt bestehend aus Bürgermeister, Oberstzunftmeister, den Ratsherren der Zünfte und den Zunftmeistern. Ab 1691 Konzentration auf Exekutiv- und Lenkungsfunktionen.

Landvogt; städtischer Beamter in den ehemaligen Verwaltungsbezirken der Landschaft. Wurde meist für acht bis zehn Jahre durch den Kleinen Rat, ab 1691 durch den Grossen Rat gewählt.

Oberstzunftmeister; bis 1718 neben dem Bürgermeister zweites Haupt der Stadt, ergänzte, vertrat und ersetzte ab 1718 den Bürgermeister. Die Wahl erfolgte bis 1691 durch den Kleinen Rat, zwischen 1691 und 1698 durch die Zunftgemeinde und bis 1798 durch den Grossen Rat.

Refugianten; protestantische Religionsflüchtlinge im 16. und 17. Jh. Immer wieder erfolgte in Basel für die so genannten «Welschen» ein Einwanderungsverbot. Diejenigen, die der Stadt von Nutzen waren, durften sich allerdings weiterhin hier niederlassen. Ihnen verdankt Basel zu einem grossen Teil seine spätere Bedeutung als Handels- und Industriestadt.

Sechser; vertraten gemeinsam mit ihren Zunfmeistern die Interessen ihrer Zunft nach aussen. Ihre Wahl erfolgte zwischen 1529 und 1533 und zwischen 1691 und 1698 unter Beteiligung der Zunftgemeinde; sonst war die Selbstergänzung innerhalb der Zunftvorstände üblich.

Literaturverzeichnis

Alioth, Martin, Barth, Ulrich, Huber, Dorothee: Basler Stadtgeschichte 2 – Vom Brückenschlag 1225 bis zur Gegenwart, Basel 1981

Bank Sarasin & Cie.: Ein Segel in der Tasche – Ein Pflückwerk aus dem Geschäfts- und Familienleben der Sarasin, Basel 1991

Bernoulli-Sutter, René: Die Familie Bernoulli, Basel 1972

Burckhardt-Piguet, Th.: Aus der Socinschen Familiengeschichte, Basel 1963

Burckhardtsche Familienstiftung: ckdt. (Basel) – Streiflichter auf Geschichte und Persönlichkeiten des Basler Geschlechts Burckhardt, Basel 1990

De Bary, Herbert: Beiträge zur Genealogie Altfrankfurter Familien, Frankfurt a.M. 1922

De Bary, Frédéric: Données historiques sur la famille De Bary originaire de Tournai en Hainaut, ? 1872

Ebrard, Friedrich Clemens, v. Nathusius-Neinstedt, Heinrich: Geschichte des uradeligen Hauses Bary (1223–1903), Frankfurt a.M. 1904

Falconnier, René: Die Chronik Derer zu Lichtenhayn – Die Geschichte der Familie Lichtenhahn und Liechtenhan, Basel 1979

Forcart-Bachofen, Rudolf, Vischer-Ehinger, Fritz: Chronik der Familie Bachofen in Basel, Basel 1911

Galbreath, D.L., Jéquier, Léon: Handbuch der Heraldik, München 1989

Hoffmann, Christoph E.: Dokumentation zum Familientag der Nachkommen von Emanuel und Helena Hoffmann-Preiswerk, Basel 1989

Jaquet, Nicolas: Über das Herkommen und die Geschichte des Basler Stammes der Paravicinen, Riehen 1970

Kern, Alfons: Chronik der Familie Kern in Basel, Basel 1908

Kreis, Georg, von Wartburg, Beat u.a.: Basel – Geschichte einer städtischen Gesellschaft, Basel 2000

Meier, Fritz: Heimatgeschichtliches Lesebuch von Basel, Basel 1974

Meininger, Ernest: Tableaux généalogiques de la Famille Koechlin 1460–1914, Mulhouse 1914

Portmann, Rolf E.: Basler Einbürgerungspolitik 1358–1798 (Basler Statistik 3), Basel 1979

Rennefahrt, Hermann: Überblick über die Entwicklung des Schweizerbürgerrechts, In: Zeitschrift für Schweizerisches Recht, Bd. 71, 1952, S. 695-744

Sarasin-von Geymüller, H.F.: Neue Erkenntnisse zur Geschichte der Familie Sarasin, Basel 1978

Sarasinscher Familienrat: Geschichte der Familie Sarasin in Basel, 2 Bde., Basel 1914

Schopf-Preiswerk, Ernst: Die Basler Familie Preiswerk, 4 Bde., Basel 1952-1991

Seiler-La Roche, C.R.: Chronik der Familie Hebdenstreit genannt La Roche, München 1920

Strohmeyer, Manfred: Merian – Ahnen aus dreizehn Jahrhunderten, 8 Bde., Konstanz 1963–1967

Teuteberg, René: Basler Geschichte, Basel 1986

Vischer-Ehinger, Fritz: Die Familie Vischer in Colmar und Basel, Basel 1933

Vok Filip, Vàclav: Einführung in die Heraldik (Historische Grundwissenschaften in Einzeldarstellungen, Bd.3), Stuttgart 2000

Wanner, Gustav Adolf: Fünfzehn Generationen der Basler Familie Ryhiner, Basel 1968

BASELexikon, Basel 2001

Historisch-Biographisches Lexikon der Schweiz, 7 Bde., Neuenburg 1921–1934

Historisches Lexikon der Schweiz, 2 Bde., Basel 2001–2002

Lexikon des Mittelalters, 9 Bde., München 1980–1998

Schweizer Lexikon, 12 Bde., Visp 1998–1999

Schweizerisches Geschlechterbuch/Almanach généalogique suisse, 12 Bde., Basel 1905–1965

Wappenbuch der Stadt Basel, 3 Bde., Basel 1917–1928

Weiss-Frei, F.: Bürgerrechtsaufnahmen in Basel 1358–1798, 8 Bde., Reprografie, Basel 1976

Sonntagsblatt der Basler Nachrichten, Nr. 11, 11. 3. 1928, Ein Basler Familienjubiläum (Sarasin)

Sonntagsblatt der Basler Nachrichten, Nr. 41, 21.10. 1945, Vom Basler Bürgerrecht und Zunftrecht gestern und heute

Basler Nachrichten, 18.3. 1956, Leonhard Thurneysser und die Basler Familie Thurneisen

Basler Nachrichten, 3.11. 1964, Von den Legrand weiss man nichts

Abend-Zeitung, 27.8. 1965, Die Basler Gelehrtenfamilie Buxtorf

Basler Nachrichten, 25./26.9. 1965, Im Zeichen von Halbmond und Stern (Ryhiner)

Basler Nachrichten, 4.10. 1965, Aus der Familiengeschichte der Stehelin und Staehelin

Basler Nachrichten, 4./5.3 1967, Zeppelins Urgrossmutter war eine Baslerin (Passavant)

Basler Nachrichten, 8./9.7. 1967, Ratsgeschlecht seit 300 Jahren (La Roche)

Basler Nachrichten, 18./19.7. 1970, 275 Jahre Basler Familie Paravicini

Basler Nachrichten, 29./30.8. 1970, 450 Jahre im Basler Bürgerrecht (Staehelin)

Basler Nachrichten, 31.12. 1970, Gestalten aus der Familie Linder

Basler Nachrichten, 18./19.3. 1972, 450 Jahre im Basler Bürgerrecht (Werenfels)

Basler Nachrichten, 13.5. 1972, Gestalten der Familie Bernoulli

Basler Nachrichten, 23.9. 1972, 350 Jahre im Basler Bürgerrecht (Christ)

Basler Nachrichten, 13.1. 1973, 450 Jahre im Basler Bürgerrecht (Burckhardt)

Basler Nachrichten, 21.12. 1974, 450 Jahre im Basler Bürgerrecht (Lichtenhahn)

Basler Zeitung, 5.7. 1980, 300 Jahre Basler Bürgerrecht (Von der Mühll)

Basler Zeitung, 19.6. 1982, 200 Jahre im Basler Bürgerrecht (Koechlin)

Basler Zeitung, 9.10. 1982, 500 Jahre im Basler Bürgerrecht (Hagenbach)

Basler Zeitung, 23.9. 1989, 500 Jahre Familie Hoffmann in Basel

Basler Zeitung, Basler Magazin Nr. 18, 6. 5. 2000, Das Phänomen Bernoulli

Impressum

Text
lic. phil. Fränzi Jenny

Redaktion
Chris Gugger
Fränzi Jenny

Lektorat
Christian Keller

Grafische Gestaltung Umschlag
Bildpunkt AG

Druck
Steudler Press AG

© 2004 Verlag Jenny & Gugger, Postfach, 4005 Basel

Dieses Werk ist urheberrechtlich geschützt. Alle Rechte vorbehalten. Der Inhalt dieses Buches darf auch nicht auszugsweise ohne schriftliche Genehmigung der Herausgeber in irgend einer Form übersetzt, publiziert oder durch elektronische und fotomechanische Geräte übertragen werden.

ISBN 3-9522110-3-6